ANTHONY SARPONG

ANTH☺NY'S®
KITCHEN

MITTENDRIN – HAUPTSPEISEN 65

INHALT

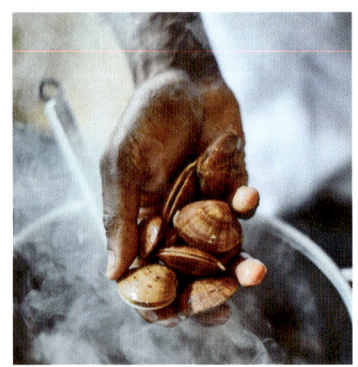

UNTER WASSER – FISCHGERICHTE 125

ZUM GUTEN SCHLUSS: DESSERTS 161

ich bin Anthony, Anthony Sarpong. Ich bin Koch, ich liebe meinen Beruf. Koch zu sein ist für mich nicht einfach ein Job, sondern tatsächlich Berufung. Und jeden Tag frage ich mich aufs Neue, was der Kern meiner Arbeit ist. Und jeden Tag sehe ich es wieder ganz klar vor Augen: Es geht nicht einfach um das Kreieren von tollen Gerichten, der eigentliche Fokus meiner Küche sind meine Gäste. Nicht einfach nur als meine Gäste, sondern als Menschen, wo immer sie herkommen, hier aus Meerbusch, aus der Region, aus anderen Teilen des Landes und der Welt. Ob sie nun das erste Mal in Anthony's Kitchen sind oder ob es Stammgäste sind, ich freue mich immer wie ein kleines Kind, wenn sie mein Restaurant betreten.

HALLO, LIEBE LESERINNEN UND LESER,

Wenn ein Gast an einem der Tische Platz nimmt, beobachte ich ihn in aller Stille, stelle mir vor, wie der Gast leben könnte, was er erwartet, ich sehe seine oder ihre Hände, die gesamte Erscheinung, fühle die Persönlichkeit und entscheide, was ich und mein Team ihr oder ihm heute Abend bieten werden. Für mich ist jeder neue Gast oder auch jeder Wiederholungs-täter stets eine Offenbarung. Nicht, dass mich jemand falsch versteht, ich bewerte dabei nicht. Nicht zu bewerten ist die Kunst, sich auf andere einzulassen, ihnen entgegenzukommen. Ich möchte erspüren, was meine

Gäste brauchen. Mir geht es darum, das Optimum für diesen Gast zu finden, damit er auf seine ganz individuelle Art umsorgt werden kann. Ich meine damit eine Form von Ganzheitlichkeit, eine Verbindung, die wir gemeinsam für ein paar schöne Stunden eingehen, um für beide Seiten den Aufenthalt in Anthony's Kitchen so schön und individuell wie einmalig zu gestalten. Und das bedeutet auch, dass Stammgäste bei mir immer neue Erfahrungen machen. Denn ich mag keine Wiederholungen, das Leben ist Veränderung, Entwicklung. Und genau das ist wohl das Spannendste überhaupt für mich als Gastgeber und Koch: aus den bereits gesetzten Gerichten noch mal etwas gänzlich Individuelles herauszuholen.

Den Michelin-Stern sehe ich nicht als Statussymbol, sondern als Antrieb, neugierig zu bleiben – bei der Kreation meiner Gerichte und im Umgang mit meinen Gästen. Auch wenn wir nicht auf einen Stern hingearbeitet haben, ehrt uns das sehr und motiviert uns. Es liegt in unserer DNA, uns immer weiter zu verbessern und unsere eigenen Ansprüche mit unseren Gästen zu teilen. Dieser Spirit prägt mich und mein wunderbares Team. So funktionieren wir hier. Wir teilen Zeit, Erfahrungen, Geschmacksnoten. Ich sehe meinen Beruf als Spiegel meiner Wanderschaft durch die Küchen dieser Welt und möchte mit diesem Buch alle einladen, auf dieser Reise dabei zu sein und auch zu Hause Gerichte aus unserer Küche selbst auszuprobieren.

So flexibel ich in vielen Dingen bin, vor allem auch bei der Zubereitung von Essen, in einem Punkt bin ich nicht flexibel: bei den Zutaten, die wir verarbeiten. Da gibt es keine Spielräume, da zählen blanke Fakten, oder ganz einfach: die Qualität. Ich unterteile die Welt der Lebensmittel klar in zwei Bereiche: gut und schlecht. Einfach gesagt: Auch für einen Koch gibt es kein richtiges Leben im falschen. Die Herstellung, der Anbau von Lebensmitteln, die Aufzucht von Tieren muss korrekt sein, sonst geht das alles auf Kosten unseres Planeten. Unser Anspruch, das Beste essen zu wollen, darf nicht um jeden Preis erfüllt werden.

Unglückliche Tiere mit unwürdigen Haltemethoden und Schlachtungen jenseits des Respekts bereiten mir Unwohlsein, nicht nur im Kopf, sondern im ganzen Körper. Essen wir unter fragwürdigen Bedingungen hergestellte Produkte, kann der Genuss nie wirklich groß und echt sein, selbst wenn geschmacksverstärkende Stoffe das suggerieren. Inhaltsstoffe von schlechterer Qualität können keine gute Energie für uns bereithalten, die uns dauerhaft als nachhaltiges Mittel zum Leben dienen, auch wenn sie uns vielleicht mal nachts auf einer Autobahnraststätte vom Verhungern bewahren.

Qualität bedeutet stets Ganzheitlichkeit: Ich muss sie riechen, die Wiesen, die Sonne, die saubere Luft und die Kräuter, die ein Tier zu sich genommen hat. Ein Hühnchen muss gehegt und gepflegt worden sein und sein Ende muss einen Sinn haben, wenn es schließlich verarbeitet und genossen wird.

All diese guten Gedanken fügen sich in meinem Kopf zusammen wie ein Gemälde, es entsteht in Sekunden, wenn ich einkaufe und mich stets spontan entscheide, was geeignet ist, abends auf der Speisekarte zu landen. Für mich sind die einzelnen Aromen Pinselstriche wie bei einem Maler, der sein Bild im Kopfe bereits fertig hat, bevor er den Pinsel überhaupt in die Hand nimmt. Die Aromen stecken im Gemüse, in Früchten, Fleisch und Fisch und der Job von mir und meinem Küchenteam ist es, sie zu arrangieren und im Gaumen meiner Gäste zur vollen Blüte zu bringen.

Ich weiß, das klingt alles ziemlich blumig, aber ich meine das ernst. Wenn ich einen Saibling zubereite, dann will ich, dass beim Gast das Bild und die Atmosphäre entsteht, als ob man selbst an diesem Bachlauf steht, in dem der Saibling schwamm. Pickte das Hühnchen Körner und Rosmarin, fraß das Rind gute Gräser und Kräuter auf saftigen Wiesen? Spiegeln sich beim Genuss diese Aromen in den Produkten wider? Wenn das geschieht, ist das genau die Qualität, die ich und mein Team ständig suchen. Auch wenn es ohne solides Handwerk natürlich nicht geht – Kochen bedeutet viel mehr. So wie es beim Essen und Genießen ja auch um weit mehr als die schnelle Befriedigung eines Hungergefühls geht.

Bevor wir aber mit den Rezepten starten, möchte ich Ihnen noch einen Einblick in meine Kochschule gewähren, an der jedes Jahr unterschiedlichste Personen teilnehmen: Junge und Alte, Ahnungslose, Erfahrene, Reiche und Studenten, Geschäftsleute, Vorstände, Handwerker oder Profifußballer. In meinem Kochkurs vermittle ich das Handwerkszeug eines guten Kochs, die wichtigsten Handgriffe in der Küche und befasse mich vor allem mit der Frage »Wie kann ich eigentlich die Qualität meiner Zutaten schon beim Einkauf verlässlich beurteilen? Und wie werde ich der Qualität der Zutaten dann in der Küche bei der Zubereitung gerecht?« Mit diesem Buch ist es wie beim Eislauf: erst die Pflicht, dann die Kür. Und glauben Sie mir: Die Pflicht ist kurz und macht Spaß!

ES GEHT HIER NICHT NUR UM GESCHMACK, SONDERN VOR ALLEM AUCH UM EINE ÖKOLOGISCHE, WELTANSCHAULICHE EINSTELLUNG ZU UNSERER NAHRUNG.

Willkommen in der Schule! Nein, Spaß beiseite, wenn Sie bereits versierte Köche sind, dann müssen Sie folgenden Text nicht unbedingt lesen. Obwohl, es rentiert sich auch für erfahrene Köchinnen und Köche, denn mir geht es nicht nur um Fachwissen, sondern vor allem auch um den angemessenen Respekt gegenüber den Lebensmitteln und den Tieren, die nach einem guten Leben zu Lebensmitteln werden, um uns zu ernähren. Es sind Mittel zum Leben – wie der Name schon verrät. Daran sollten wir uns grundsätzlich orientieren. Das verhindert automatisch, dass man sich mit unwürdigen Weisen der Lebensmittelerzeugung und dem damit verbundenen negativen Energiestrudel befassen muss.

Wahrnehmbare Resultate wie überfischte Meere, Tiertransporte, grausame Schlachtmethoden und der Wunsch, ständig alles zu billigsten Preisen zu bekommen, sind nicht sinnstiftend. Solche Auswüchse sind nicht gut für unsere Gesundheit, unseren Planeten oder unsere Kinder, denen wir noch sehr lange ein funktionstüchtiges Zuhause bieten wollen. Aktuell tun wir ja vieles, um die Performance der Erde und unserer selbst zu verkürzen. Es gibt daher viele Arten, sich diesen Problemen zu widmen, ob nun mit Vegetarismus, Veganismus oder mit der totalen Abkehr von Kohlen-

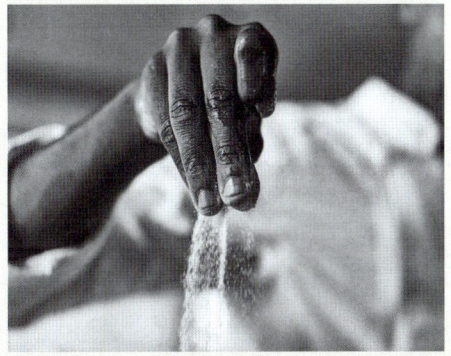

hydraten, Zuckerverzicht etc. Ich habe für mich entschieden, zunächst mit Respekt zu beginnen, bevor man sich möglicherweise in neue Ebenen des Daseins begibt und sich dem Verzicht widmet. Was ich aber im Hier und Jetzt entscheide, ist: Respekt und Ästhetik. Respekt und ästhetische Wertschätzung gegenüber den Produkten, meiner Gesundheit, meiner Familie, meiner Gäste.

Auch darum finden Sie bei uns keine ALL YOU CAN EAT-Veranstaltungen, sondern wir sensibilisieren seriös auf die gesundheitliche wie ökologische Wertigkeit unserer verarbeiteten Produkte. Darum sehen wir uns nicht in der Kategorie »Fine Dining«, sondern eher »NEW DINING«.

Dazu nun auf den folgenden Seiten einige Tipps für Sie als Leitfaden mit scharfer Klinge und spitzer Zunge.

Sie finden hier eine Auswahl von Themen, die mir besonders wichtig sind, etwa die richtige Schneidetechnik bei Fisch und Geflügel oder ein paar Worte zum Thema Reis. Wer mehr wissen will, kann sich zu einem Kochkurs bei mir anmelden.

  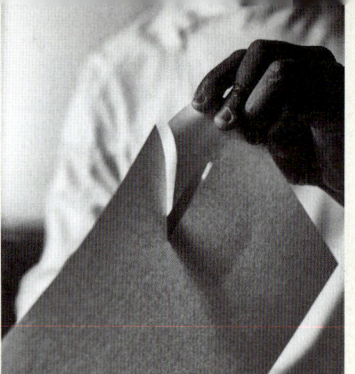 

SCHNEIDEN WIE DIE PROFIS

Klingt richtig cool und ist es auch, wenn man das richtige Werkzeug hat. Dazu sollte man, wenn man schon diese Passion pflegen und ausbauen möchte, auch seine eigenen Schläger haben wie ein erfolgreicher Golfspieler, nur eben als Messer. Ja, richtig scharf müssen sie sein und von hoher Qualität. Sie brauchen nicht, wie nachts im Shopping-kanal gesehen, Metalldrahtzaunpfähle absägen können, sondern sollen sich eignen, um Lebensmittel fein zu zerlegen. Dazu sollte die Klinge nicht gewellt sein wie bei einem Brotmesser, sondern das Messer sollte eine gerade, spitz zulaufende Klinge vorwei-sen, die man mit etwas Übung auch wieder auf Schärfe bringt, wenn sie sich durch die Schneideorgien abstumpft. Darum macht auch das passende Schleifwerkzeug Sinn und wird Ihnen viel Freude bringen. Die Größe der Klinge hängt vom Produkt ab, das es zu zerlegen gilt. Daher ist ein Set mit vier Messergrößen eine gute Investition:

1. Kleines Spickmesser zum feinen Zerteilen und Schälen
2. Langes biegsames Messer zum Portionieren
3. Großes Messer zum Konfektionieren
4. Sägemesser für Brot und Kuchen

Sie können gerne daheim schon mal zum Messer greifen und erste Schneideversuche starten. Dabei kommt es nicht auf die Schnelligkeit an, sondern auf die präzise Schnitt-führung. Die Geschwindigkeit wie beim Profi, ohne sich die Gliedmaßen säuberlich abzutrennen, kommt dann automatisch, wie von selbst. Wir freuen uns, wenn sie beim Schneidelehrgang bei uns Ihre eigenen Messer mitbringen.

Die Finger halten das zu zerteilende Gut fest. Sichern Sie sich stets eine vorteilhaf-te Position, die dafür sorgt, dass Ihre Finger nicht zu weit vom Schnitt entfernt sind. Dazu stellen Sie den Zeigefinger und den Ringfinger senkrecht auf das Schneidegut und kontern es seitlich mit dem Daumen. Dabei ist zu beachten, dass die Spitze des Daumens und die Senkrechten des zweiten Fingergliedes der anderen Finger nie unter die Schnittfläche des Messers gelangen. Machen Sie bitte langsam und schauen Sie genau hin. Der Daumen ist stets der Konterfinger, der das Schneidegut voranschiebt, und die senkrechten Finger folgen rückwärts, sobald das Messer oben ist und jenseits des Schneidevorgangs beim Ausholen zum nächsten Schnitt. Liest sich einfach, muss aber auch umgesetzt werden. Daher bitte immer wieder ... laaaangsaaaammmm ... Bitte! Sie schaffen das. Hier jetzt ohne Kommentar einige Bilder mit Zwiebeln, die in wirklich vielen Rezepten zu Gast sind.

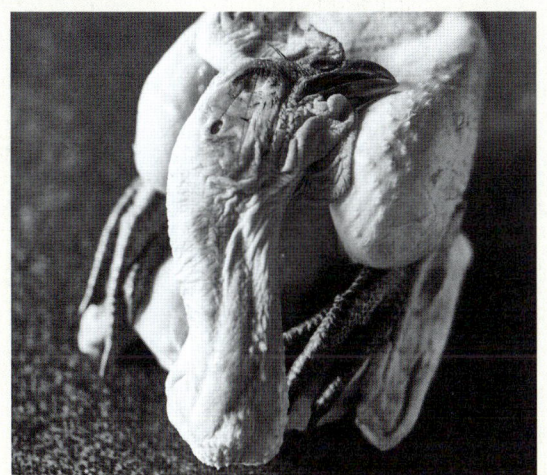

GEFLÜGEL SCHNEIDEN

Geflügel ist schon etwas Wunderbares, wenn es sich um echte Qualität handelt und nicht um Massentierhaltung aus menschenunwürdiger Tiermast. Dazu achten wir zunächst stets auf die Art des Tieres, das sich uns offenbart. Es sollte frisch riechen, festes Fleisch haben und sauber definiert sein. Je länger die Beine sind, desto mehr hat es Freude empfunden, frei und wild zu leben. Hier im Überblick drei Arten dieser Spezies aus Frankreich, die ich empfehlen kann.

Maispoularde-Bresse-Huhn	Hühnchen Label Rouge	Schwarzfederhuhn Poulet Noir Fermier
kompakt, gedrungen	aktiv, drahtig	raubvogelähnlich
Haltung: Freiland	Haltung: Freiland	Haltung: Stall, später Freiland
Region: Lyon	Region: Landes	Region: Landes und Vendée
Fleisch: weiß, kompakt	Fleisch: zart, dunkler	Fleisch: dunkel, muskulös
Haut: gelblich	Haut: hell	Haut: dunkel

Für alle Sorten gilt: Je mehr gelaufen wurde und je mehr Muskelfleisch vorhanden ist, desto dunkler ist das Fleisch, bedingt durch den höheren Sauerstofftransport des Blutes im Bindegewebe. Wichtige Merkmale dieser Steppenläufer ist die Hornhaut unter ihren Füßen, die von Bewegung zeugt und ein Garant für wundervollen Fleischgenuss ist. Auch der Blick in die Eingeweide ist wichtig, speziell in den Magen, den wir mit beherztem Schnitt öffnen und in dem wir kleine Steine vom Boden, auf dem die Vögel sich rumtrieben, finden sollten (siehe Bild unten links). In einem Käfig ist nämlich auf dem Boden gar nichts.

Der Schnitt: Zielgerichtet sollte er sein. Dazu fixieren wir es mit einer Hand. Die andere Hand führt das Messer und bekommt die richtungsweisende Antwort von der Anatomie des Tieres. Vorzugsweise durch die Gelenkkapsel. Dann trennen wir die Beine ab und verfahren gleich an den Flügeln. Übrig bleibt der Torso, auch Karkasse genannt, den wir mit zwei Schnitten von den Brustfilets auf beiden Seiten befreien. Die Karkasse wandert in den Geflügelfond und das gute Fleisch in die Verarbeitung.

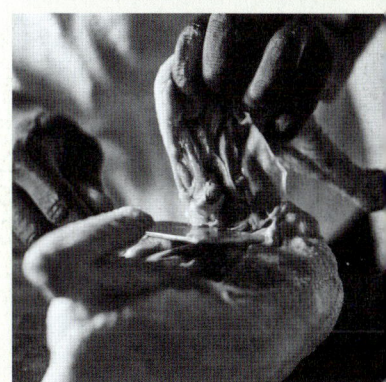
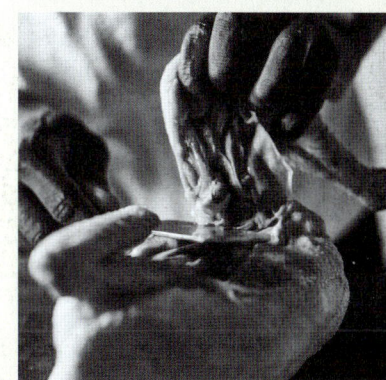

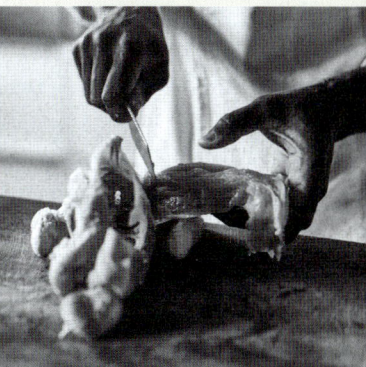

FISCHE AUSNEHMEN UND FILETIEREN

Ähnlich wie beim Hühnchen verfahren wir mit den Fischen dieser Welt. Hier üben wir mit einem Vertreter der Loup de Mer, auch Wolfsbarsch genannt. Der Wolfsbarsch gehört zur Familie der Edelfische und wartet mit festem und kompaktem Fleisch auf wie kaum ein anderer. Vor dem Zerschneiden des Fisches kommt das Entschuppen, was wir aus Respekt vor unserer Küche und der Zeit stets unter fließendem Wasser tun, damit die Schuppen im Ausguss landen und nicht in der ganzen Küche oder später auf dem Wohnzimmersessel oder der Anrichte im Hausflur. Bitte mit dem Daumen in die Kiemen gehen und den Kopf fixieren. Dann mit einem Messer oder einer Schuppenbürste gegen die Schuppen abziehen.

Nun den Kollegen aus der Tiefe schön abtrocknen und auf einem Brett aufbahren. Ich mache es wie Oma in Ghana und lasse alles am Kopf dran. Ich entferne ihn nicht komplett mit einem Schnitt, sondern schneide hinter den Kiemen einmal rundherum. Man kann dann seine Eingeweide, die am Kopf hängen, aus ihm herausziehen, ohne selbige zu zerstören. Oma wäre jetzt stolz auf mich! Jetzt setzen wir das Messer längs der Rückengräte an und ziehen es mit sauberem Schnitt bis hinten durch, sodass sich diese Seite lösen lässt. Sauber freigelegt geht's weiter und wir lösen die Grätenverläufe ab. Natürlich wurden bei dieser Aktion die Bauchgräten durchtrennt, die ich mit meiner Anglerzange herauszupfe, die ich schon seit fast 20 Jahren habe.

Hier ist nun Geduld und Feingefühl gefragt, um alle zu erwischen, was aber machbar ist.

Kleiner Anglertipp: Im Kopf des Fisches sitzen noch zwei Wangen – köstlich und daher nicht entsorgen. Den Kopf können wir dann aber noch für den nächsten Fischfond brauchen.

Wenn Sie Krustentiere kaufen, ist es ökologisch wie gesundheitlich sinnvoll, auf Gambas aus den Massentierhaltungen Asiens zu verzichten. Mittlerweile haben wir grandiose Zuchten in Nord- und Süddeutschland mit unfassbar guter Qualität. Es erschließt sich jedem normal denkenden Menschen, dass diese Tiere im Kilo nie billiger sein können als eine Tüte Kartoffelchips. Doch heute genehmigen wir uns rote Freikrabbler aus der Meeresregion um Argentinien. Sie verfügen über einen festen Panzer und festes Fleisch. Wir drehen ihren Kopf ab und

beginnen, ihren Panzer der Anatomie nach abzusprengen. Wenn Sie es schaffen, die Schwanzflosse daranzulassen, wäre das ein schöner Effekt.

Sind die Krabbler noch nicht von innen gereinigt und der Darm entfernt, gäbe es zwei Optionen: Ein beherzter Schnitt längs des Rückens zur Entnahme des Darms, was aber stets ein Massaker ist und wodurch das gute Stück zerfleddert wirkt. Besser: Sie schneiden nur ein kleines Stück oberhalb der Schwanzflosse ein und ziehen den Darm heraus. Diese Variante wähle ich stets, um auch auf dem Teller die Ästhetik zu wahren. Die Panzer und Köpfe wandern in den Fischfond!

Dann sauber den Kopfansatz abtrennen und das war's auch schon.

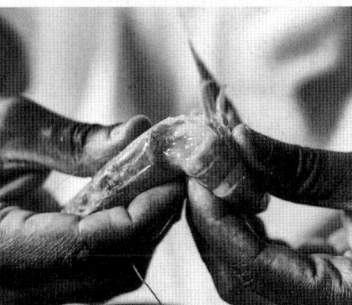

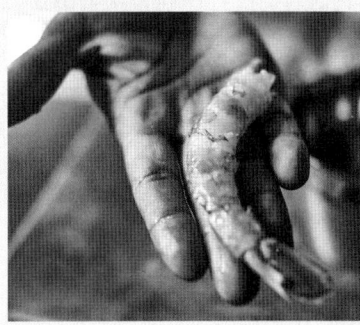

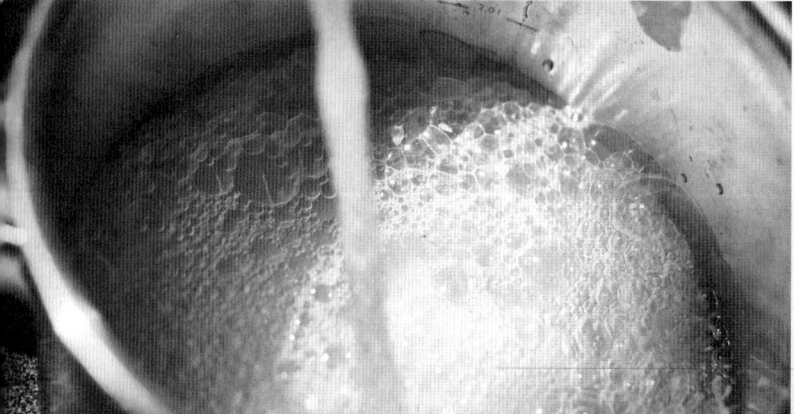

RICE, BABY, RICE

Reis ist ein magisches und völlig unterschätztes Nahrungsmittel auf der Erde.

Egal, welchen Sie von den gefühlten 1.000 Sorten lieben, geben Sie ihm stets Raum, sich beim Kochen zu entfalten. Es ist irgendwie ähnlich wie beim Grüntee. Gebe ihm Raum und er wird dich belohnen! Ich koche Reis mit genügend Wasser, Salz und etwas Öl. Das macht ihn geschmeidig. Ob Sie ihn klumpig mögen oder körnig, entscheiden Sie, genauso ob Sie ihn vorher waschen möchten oder ihn direkt zum Kochen bringen. Vorheriges Waschen dient dem Lösen der Stärke und verhindert Klumpen. Die Perser legen ihn über Nacht ein und lassen ihn sich mit Wasser vollsaugen, damit er schön prall wird und beim Kochen aufplatzt.

Reis im Kochprozess bitte nicht umrühren, er bildet seine eigene Struktur, um das Wasser gut aufzunehmen. Er ist fertig, wenn Sie eine mondähnliche Kraterlandschaft erkennen. Beim Quellen und Kochen vergrößert der Reis seine Oberfläche um ein Vielfaches, woran dann später die wunderbaren Soßen dieser großartigen Region haften und genossen werden können. Gleiches gilt für Wildreis mit seinen schwarzen Hüllen, die von nordamerikanischen Indianern aus Booten heraus gepflanzt und geerntet werden. Sie merken schon, Reis ist ein nahezu unerschöpfliches Thema. Nur ein Tipp noch: Gönnen Sie sich für zu Hause einen Reiskocher mit Automatik – es lohnt sich und stresst weniger.

Klar, wir könnten jetzt noch über viele Küchenbasics sprechen, über Pasta, über Soßen oder über Kräuter. Wenn Sie tiefer einsteigen wollen, dann kommen Sie doch mal in meine Kochschule. Jetzt wünsche ich Ihnen viel Spaß mit den Rezepten, bei denen Sie sich von »ganz einfach« bis zu »ganz schön komplex« vorarbeiten können. Die Sternchen unten an den Rezepten sagen Ihnen, wie einfach (ein Stern) oder wie komplex (maximal fünf Sterne) ein Gericht bei der Zubereitung ist. Kleiner Tipp: Fangen Sie nicht gleich mit den schwierigen Sachen an.

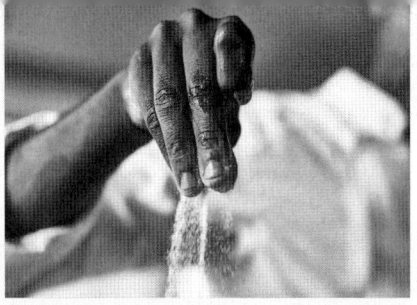

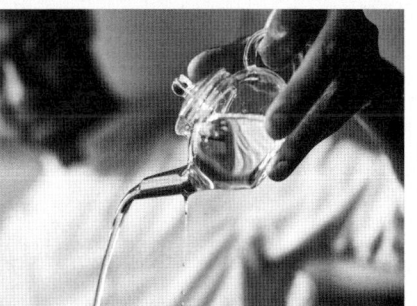

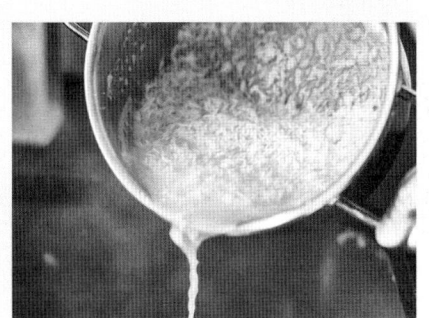

VORNEWEG –
SUPPEN UND
VORSPEISEN

TIPP
Gemüsebrühe
einmal vorbereiten
und einfrieren.

ANTHONY'S FEINE ERBSENSUPPE

- Eine simple Köstlichkeit -

ZUTATEN

2 TL Olivenöl
50 g Butter
1 Zwiebel
Tomatenmark
1 Lauch
1 Karotte
1 Stück Sellerie
¼ Fenchel
2 braune Champignons
1–2 Zitronenblätter
evtl. etwas Curry
1 TL Agavensirup
0,2 l weißer Portwein
    oder weißer Sherry
250 g frische Erbsen
50 ml Sahne
Muskatnuss
Pfeffer & Salz

Bei Erbsensuppe denke ich sofort an meine Kindheit, die Schullandheime und die immer lustigen Köchinnen in ihren Blümchenkitteln. Sie rührten mit großen Kellen und unter Einsatz aller Kräfte in riesigen Kesseln, in denen diese großartigen Hülsenfrüchte im traditionellen Sud ihrem physischen Ende entgegenblubberten, bis sie mit Brühwürsten den Teller füllten. Und meistens schmeckte es sogar, hatte aber auch oft Nachwirkungen unter den Decken der Etagenbetten. Um die unkalkulierbaren Folgen der Hülsenfrucht zu vermeiden, konfiguriere ich die Erbsensuppe anders – eher fein und sensitiv erlebbar in ihren einzelnen Zutaten.

Für eine richtig gute Gemüsebrühe muss man nicht mal eigens einkaufen gehen, wenn man dafür ALWAWEMU* verwendet. Dazu im laufenden Kochbetrieb einfach die guten Abschnitte von Gemüsen wie Zwiebeln (ruhig mit Schale), Karotten, Lauch etc. einer weiteren sinnvollen Nutzung zuführen, anstatt sie zu entsorgen. (*ALWAWE-MU = AllesWasWegMuss). Das gilt auch für Abschnitte von Fleisch, Geflügel, Schalentieren oder Fischen. Nichts wird weggeworfen, solange es frisch ist und gut riecht.

Zubereitungszeit: 35 Minuten | ergibt 4 Portionen
Schwierigkeitsgrad: ★★☆☆☆

STEP BY STEP

- Anthony's feine Erbsensuppe -

Stellen Sie einen größeren Topf auf den Herd, geben Sie Öl hinein, Zwiebelreste (ich verwende auch noch eine halbierte Zwiebel samt Schale wegen des intensiveren Geschmacks beim kurzen Anrösten mit Tomatenmark), dann folgen Lauchreste, Karottenenden, Sellerie, Fenchel, ein oder zwei braune Champignons und ein oder zwei Zitronenblätter. Wenn es intensiver sein soll, fügen Sie etwas Curry hinzu (eine Messerspitze reicht), ebenso Pfeffer aus der Mühle oder Chilischnitze. Salz benötigen Sie etwa einen gestrichenen Esslöffel auf ca. 2,5 Liter Wasser.

Schließlich fügen Sie noch einen Spritzer Agavensirup hinzu, um die 4 S angemessen zu bedienen: Süße, Schärfe, Säure und Salz! Das Ganze vor sich hin köcheln lassen. Früher stand bei meinen Lehrherren immer ein Topf auf dem Herd mit den Resten der Sterneküche, und der sorgte ganz nebenbei für ein wundervolles Endergebnis nach Stunden der Wasserverdampfung und der zwangsläufigen Aromenkonzentration. Abgefüllt in Kühlformen und eingefroren lässt sich übrigens viel Zeit sparen, wenn Gäste kommen.

Butter und Öl können eng befreundet sein, auch wenn mich die maritimen Küchenchefs meiner Weltreise jetzt steinigen mögen. Die Butter erhält eine gewisse Geschmeidigkeit, das Öl bringt Tiefe hinein und macht die Zwiebeln zu einer dreidimensionalen Köstlichkeit. Mit einem weißen Portwein oder weißem Sherry ablöschen sowie einen Teil der Gemüsebrühe hinzugeben. Dabei lösen sich die öligen Röstaromen und deren Verbindungen zwischen Butter und Zwiebeln in einem köstlichen Sud.

Blanchieren klingt immer cool und wichtig. Zeigt, der Typ kann was. Dabei beschreibt es nur das kurze Ankochen von Gemüse. Der Effekt dabei ist, dass das Gemüse aussieht, als käme es gerade aus Omis Gemüsebeet. Und man reduziert dabei die Keime. Dazu wieder einen Topf mit Wasser füllen, und sobald es kocht, reichlich Salz hinzugeben und ein Sieb einhängen, in das wir die frischen Erbsen hineingeben. Mit dem Sieb wird aus dieser Aktion keine Angelaktion, wenn wir das kurze Salzbad beenden, sobald sich die Erbse im Fingertest freiwillig von ihrer Hülse löst. Auch hier gilt der alte italienische Spruch »Amore, al dente, per favore!«. Denn ist die Erbse durchgekocht, verliert sie neben ihren guten Inhalten ihre Farbe und der Geschmack ist plötzlich im Kochwasser und nicht mehr in ihr. Darum raus damit und unter kaltem Wasser abschrecken. Sind die Erbsen auf Tüchern ausgebreitet, beginnt der Teil der Entblätterung mit Fingerspitzengefühl.

Die weichen Erbsenkerne kommen gemeinsam mit dem Zwiebel-Butter-Öl-Sud aus der Pfanne in den Mixer und vereinen sich mit kurzen intensiven Intervallen zu einer geschmeidigen Masse, die einen wunderbar nussigen Duft in der Küche verbreitet. Um die letzten verbliebenen Hülsenreste zu entfernen, streichen wir die grüne Paste durch ein Sieb. Danach füllen wir einen Teil zum Anrichten in eine Tülle, neudeutsch auch »Squeezerflasche« genannt, und stellen diese zum Anrichten bereit. Mit dieser festen Erbsenmasse können Sie die dekorative Spirale wie auf dem Rezeptfoto (S. 26) erzeugen. In diese Spirale wird dann die Suppe aus dem letzten Arbeitsschritt gegossen.

Dafür den Rest der Erbsen-Zwiebel-Brühe-Masse aus dem Mixer in einen neuen Topf geben und alles unter Rühren auf Temperatur bringen. Aufgießen mit einem Schuss Sahne und der eingangs selbst gemachten Brühe abschmecken. Es sollte nicht zu dick- und nicht zu dünnflüssig werden. Abschmecken, bei Bedarf noch etwas Muskatnuss oder Pfeffer hinzugeben. Die Art der Brühe entscheidet über die Richtung der Erbsensuppe signifikant mit und gibt ihr den letzten Schliff – ob nun mit Fleisch, vegetarisch oder eher asiatisch mit Fischkarkassen und Schalentieren gekocht.

TIPP
Die Brötchen bringen Substanz und Tiefe in die Gemüsesuppe!

GAZPACHO

- Kalt und gut! -

ZUTATEN

1 Schlangengurke
1–2 rote oder gelbe Paprika
3–4 rote Schalotten
2–3 Tomaten
1 kleine Avocado
½ Honigmelone
1 Bund glatte Petersilie
Fleur de Sel
Pfeffer
Olivenöl
2 alte Brötchen
100 g luftgetrockneter
  Schinken
1 Glas Perlzwiebeln

Diese traditionell kalte Gemüsesuppe war einst eine wunderbare Speise für die Feldarbeiter der Iberischen Halbinsel und heute erlebt sie ein Comeback bei Rohköstlern und körperbewussten Urbanisten mit Hang zur vegetarischen Lebensart und bei Fleischfreunden als Ausgleich für Genussorgien am Grill. Gesund ist Gazpacho auf jeden Fall. Wir können sogar problemlos noch die Reste der Zutaten anderer Gerichte verarbeiten – Ochsenherztomaten, Avocado oder Apfel. In unserem Rezept verwenden wir Honigmelone, rote Schalotten, Petersilie und Paprika nebst gutem Olivenöl, etwas Fleur de Sel und Pfeffer. Aber seien Sie kreativ und schauen Sie, was der Kühlschrank und die Speisekammer sonst noch bereithalten.

Zubereitungszeit: 30 Minuten | ergibt 4 Portionen
Schwierigkeitsgrad: ★ ★ ★ ☆ ☆

Zerkleinern Sie die Zutaten wie gezeigt und geben Sie diese in das Glas eines Mixers. Mixen Sie so lange, bis Sie eine geschmeidige Masse haben.

Nun kommen trockene Brötchen hinzu, womit früher die Weinbauern Kohlenhydrate in die Suppe einbrachten, die als Energiespender für die harte Feldarbeit so wichtig waren. Da die Weinbauern bei ihren Pausen keine Löffel und nur Becher hatten, schlürfte man die gesamte Suppe mit Brot in einem. Wir wählen die feine Version und passieren die gesamte Masse durch ein Sieb, um uns Brötchenstücke oder Fasern der Gemüse zwischen den Zähnen zu ersparen.

Jetzt wird ein kleiner Teil dieser homogenen flüssigen und im Grunde bereits fertigen Gazpacho in eine heiße Teflonpfanne gegeben und unter großer Hitze zum Aufkochen und Austrocknen gebracht, sodass sich eine Art natürliches Netz bildet, welches sich nach dem Abkühlen einfach entnehmen lässt wie ein Schmuckstück aus einem Gießprozess beim Goldschmied.

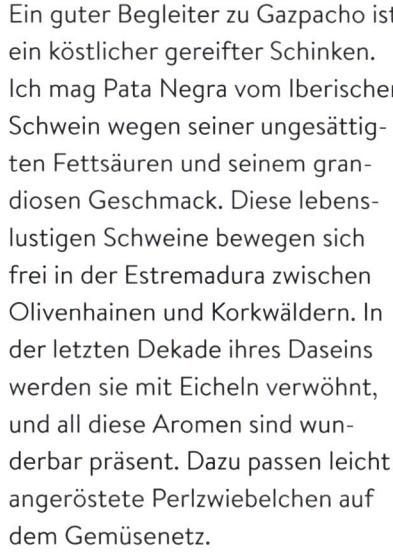

Das Ergebnis braucht ein bisschen Übung, sieht aber super aus. Bevor dieses Netz völlig erkaltet, bitte ein Loch hineinschneiden oder -drücken. Wartet man, bis es komplett erkaltet ist, steigt die Gefahr, dass das Netz dabei zerbröselt und Sie neu beginnen müssen.

Ein guter Begleiter zu Gazpacho ist ein köstlicher gereifter Schinken. Ich mag Pata Negra vom Iberischen Schwein wegen seiner ungesättigten Fettsäuren und seinem grandiosen Geschmack. Diese lebenslustigen Schweine bewegen sich frei in der Estremadura zwischen Olivenhainen und Korkwäldern. In der letzten Dekade ihres Daseins werden sie mit Eicheln verwöhnt, und all diese Aromen sind wunderbar präsent. Dazu passen leicht angeröstete Perlzwiebelchen auf dem Gemüsenetz.

Zum Schluss wird aufgegossen und genossen. Und dazu? Vinho Verde, por favor!

TIPP
Den restlichen Spargel
aufheben und
einfrieren!

SPARGELSUPPE AN WIRSING

- Weißes Gold mit Grün -

ZUTATEN

1 kg weißer Spargel
Meersalz
50 g Butter
Agavensirup oder Rohrzucker
evtl. ein Zitronenblatt
¼ Wirsing
100 g Pfifferlinge
Olivenöl
Pfeffer
Fleur de Sel
Muskatnuss
200 ml Sahne
evtl. ein paar Blättchen Minze

Spargel ist ein wunderbares Saisongemüse im Frühjahr. Halten Sie sich an die Saison und kaufen Sie keine Ware aus weit entfernten Gegenden. Denken Sie regional, nur dann ist Spargel wirklich frisch. Quietschen müssen die Stangen, wenn sie diese aneinanderreiben, dann haben Sie frische Ware.

Zubereitungszeit: 40 Minuten | ergibt 4 Portionen
Schwierigkeitsgrad: ★★☆☆☆

»Wer es schön haben will, muss leiden«, sagte stets meine Mutter, und so ist vor dem Genuss des Spargels Schälen angesagt. Sorgsam sollte es sein vom Kopf nach unten und bitte schauen, dass keine Schale mehr am Stängel bleibt. Ich finde, selber schälen verschafft Bodenhaftung und das richtige Gefühl, wie der Spargel von innen aufgebaut ist.

Nach dem Schälen trennen wir die unteren Enden ab. Das haben wir hier mit einem sauberen Schnitt abgebildet, aber wenn Sie ihn frisch erworben haben, lässt er sich toll abbrechen und bricht dann dort, wo er nicht mehr holzig ist – was im Zweifel bei einem Schnitt nebst scharfem Messer unbeachtet bleibt. Bruch sieht zwar dann unten nicht ganz so schön aus, ist aber natürlich.

Nun die Schalen in einen Topf geben und mit etwas Meersalz, Butter, Agavensirup oder Rohrzucker und, wenn Sie haben, einem Zitronenblatt, aufkochen. Der schönere Teil des Spargels wird separat gekocht und in diesem Kochwasser des Spargels wird auch der Wirsing angewellt. Die beiden vertragen sich und müssen ja später schmeichelhaft auf dem Teller zusammenhalten.

Dann schnell den Wirsing hinaus aus dem Spargelwasser und ihn in etwas Eiswasser abschrecken, damit seine Bissfestigkeit, Farbe und Vitamine erhalten bleiben. Wenn Sie Ihren Spargel traditionell im Dampf garen, bitte ebenso verfahren.

Nun feine Pfifferlinge putzen und den Wald um sie herum entfernen. Angebraten in etwas Olivenöl mit Butter ziehen sie die Blicke an sich und geben dabei einen feinen Duft nach Wald ab. Gewürzt mit Pfeffer aus der Mühle und etwas Fleur de Sel werden sie zum Highlight.

Der Wirsing wird in Form gebracht, indem wir ihn in eine Frischhaltefolie einrollen.

Jetzt werden die Spargelschalen durch ein Sieb vom Wasser getrennt und wandern auf den Kompost, wenn Sie einen haben. Das aromatische Spargelwasser der Schalen wandert zurück in den Topf und wird mit etwas Abrieb der Muskatnuss, Sahne und einem Stück kalter Butter aufgeschäumt. Bei Bedarf noch etwas nachsalzen.

Es wird angerichtet: Wir entlassen den Wirsing aus der Frischhaltefolie und schneiden ihn in kleine Walzen. Darauf positionieren wir die Pfifferlinge. Minze ist ein großartiger Begleiter zu Waldpilzen! Nun ergießt sich die aufgeschäumte Spargelsuppe um dieses Zentrum und umschmeichelt den Wirsing. Spargelstücke noch grob verteilt darin positionieren und genießen. Dazu passt ein weißer Rioja aus Spanien!

TAPIOKA-ZWIEBEL-PASSEPIERRE

- Oberkasseler Kirmes im Mund -

TIPP
Der »Meeresspargel«
eignet sich auch für Salate
oder zum Einlegen.

ZUTATEN
250 g Passepierre (Queller)
Haferflocken
Meersalz
Kokosraspel
1 Ei
4 Schalotten
50 g Tapioka

In diesem Rezept mit afrikanischen Zutaten vereine ich den Kontinent Afrika und das Meer in einer unfassbar spannenden Kombination zwischen Zwiebel, Passepierre und Tapioka an Meersalzscrumble. Klingt wild und ist es auch – wie Afrika. Lassen sie sich nicht von mir verwirren, denn Passepierre ist Französisch und heißt auf Deutsch einfach Queller, was aber in der Küchensprache ein wenig schwierig ist. Manche kennen Queller auch als »Meeresspargel«.

Zubereitungszeit: 20 Minuten | ergibt 4 Portionen
Schwierigkeitsgrad: ★ ★ ★ ☆ ☆

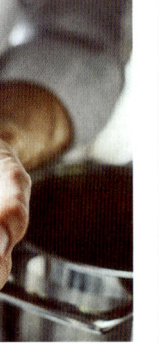

Machen wir ein Queller-Casting und suchen uns die schönsten Stücke heraus, die später auf dem Teller landen. Dann geht's ans Meersalzscrumble, indem wir in einer Schüssel Haferflocken, eine Prise Salz und Kokosraspel mit einem Vollei vermengen und das Ganze bei 180° C im Ofen verschmelzen.

Abgekühlt und zerstoßen ist es unsere köstliche Deich-Deko, auf der später die Zwiebeln angeröstet präsentiert wird. Wir blanchieren die Zwiebel vorher und rösten sie nur kurz an.

Tapioka ist die glutenfreie Stärke der Maniokwurzel, eine der Hauptnahrungsmittel in Afrika. Sie wird nun gekocht und verbindet sich in einem transparenten Konglomerat, welches wir trocknen und später in Pflanzenöl ausbacken.

Während dieser Hitzeeinwirkung erfolgt die Metamorphose in kleine weiße Kügelchen und Wölkchen, die köstlich schmecken, wenn man sie wie auf dem fertigen Teller arrangiert. Die Zwiebel mit schöner Farbe residiert darauf wie eine Prinzessin.

Hier verbindet sich Süße mit dem Meer und bedient wie von Zauberhand ein Feuerwerk im Gaumen, das sie hin und her rütteln wird wie bei Windstärke 10 auf einem Dreimaster.

Meine Gäste nennen dieses Gericht verliebt die »Oberkasseler Kirmes im Mund« und begleiten es mit einem herrlichen Calvados – wunderbar!

TIPP
Die restliche Avocado
mit Kern im Kühlschrank
aufbewahren.

ANTHONY'S FISCHTATAR

- Frische Prise -

ZUTATEN
250 g Fischfilet
1 große Ochsenherztomate
1 Apfel (Granny Smith)
Olivenöl
Pfeffer & Fleur de Sel
Glatte Petersilie oder Kerbel
1 Zitrone
1 Avocado
Sprossen

Grundbedingung für ein gutes Fischtatar ist, dass Sie beim Fischhändler Ihres Vertrauens einen adäquaten Fisch bekommen. Der sollte so riechen, als würden Sie Ihre Nase auf Sylt in den Wind halten und die volle Aromaladung von frischer Meeresluft in sich aufsaugen. Er riecht nach Meer. Sonst nach nichts. Ich verwende für mein Fischtatar gerne etwas Strukturiertes, das nach der Verarbeitung noch Textur hat. Das garantiert auch beim Anrichten, dass der Faktor Luft eingebunden wird und die Zutaten atmen können. Fische mit hoher Schwimmleistung, sprich Raubfische wie Makrele oder Seehecht.

Zubereitungszeit: 20 Minuten │ ergibt 2 Portionen
Schwierigkeitsgrad: ★ ★ ☆ ☆ ☆

Ich verwende Ochsenherztomaten, denn sie sind so wunderbar strukturiert wie der verwendete Fisch, der sich später an diese Tomaten schmiegt, wie Makrele Dietrich an eine Laterne in Paris, während sie »Lili Marleen« singt. Wir legen die Tomaten auf ein tiefes Blech, um sie bei mäßiger Hitze über einen längeren Zeitraum ihres Wassers zu berauben, bis sie in sich zusammengesunken wie ein Läufer nach dem Marathon im Death Valley alles gaben, was in ihnen steckte. Der Effekt dabei ist, dass die nicht wirklich vor Aromen explodierenden Ochsenherzen durch diese Saunakur bei 78° C all ihre Aromen konzentrieren.

Der Granny Smith besticht durch seine unnachahmliche Säure und das feste Fruchtfleisch, obwohl er so schön ist, als wäre er unecht. Der Granny Smith darf im Rohzustand seine Stärke beweisen. Diese besteht in der Kombination aus leichter Säure mit festem Fruchtfleisch, die noch durch ein gutes Naturöl abgerundet wird. Bitte nicht den ganzen Apfel zerkleinern, wir legen uns eine Scheibe mit Haut an die Seite, denn die brauchen wir noch für die Deko.

Alle Zutaten in eine Schüssel geben und mit wohlgewähltem Olivenöl mit zarter Hand vermengen. Kühl halten, das hilft dem Olivenöl, eine Bindung aufzubauen, also die bisherigen Aromen zu vereinen. Frischer Pfeffer aus der Mühle, etwas feines Fleur de Sel dazu.

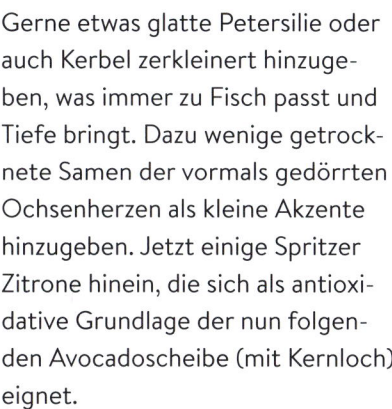

Gerne etwas glatte Petersilie oder auch Kerbel zerkleinert hinzugeben, was immer zu Fisch passt und Tiefe bringt. Dazu wenige getrocknete Samen der vormals gedörrten Ochsenherzen als kleine Akzente hinzugeben. Jetzt einige Spritzer Zitrone hinein, die sich als antioxidative Grundlage der nun folgenden Avocadoscheibe (mit Kernloch) eignet.

Das Problem mit Avocados ist, dass sie sehr sauerstoffempfindlich sind. Sollten Sie die Avocado nicht in Gänze genießen können, sondern nur zur Hälfte, dann lassen Sie einfach den Kern darin und das gute Stück bleibt frisch.
Formen Sie mit einem Eisportionierer oder großem Parisienne-Löffel geschmeidig (ohne Druck!) eine Kugel aus den bisherigen Tatar-Zutaten und geben Sie diese in das Loch in der Mitte der Avocado.

Zum guten Schluss noch mit dem in feine Julienne (Streifen) geschnittenen Apfel und Sprossen dekorieren und geschmacklich abrunden.

DAS EI DES ANTHONY KOLUMBUS

- Überraschungsei -

TIPP
Ganz Eilige können das Eigelb auch gleich mit in den Mixer geben.

ZUTATEN
1 Knolle Sellerie
Pflanzenöl zum Frittieren
4 Eier
geklärte Butter
Salz & Pfeffer
Muskatnuss
Agavensirup
1 cl Hafermilch
2 TL Agar-Agar

Das Ei, Keimzelle des Lebens und nichts drin, worüber man sich wundern müsste. Aber wir sind ja hier bei Anthony's und wir haben uns dieser Basics angenommen und es neu erfunden. Kolumbus wäre stolz auf uns! Dazu benötigen wir natürlich Eier, vorzugsweise von glücklichen Hühnchen, die noch auf der Wiese scharren dürfen.

Zubereitungszeit: 45 Minuten | ergibt 4 Portionen
Schwierigkeitsgrad: ★★★☆☆

Wundervolle Knolle, so ein Sellerie, der mit seinen natürlichen Nitrosaminen Geschmäcker offenbart, die uns ein entspanntes Lächeln ins Gesicht zaubern. Diese Superknolle wird zunächst von ihrer Außenhaut befreit. Dabei allein steigt ein wunderbarer Duft auf. Wir schneiden den Sellerie mit dem Messer in hauchdünne Scheiben und so lange, bis sich feine Fäden ergeben.

Dieses feine Gespinst wird kurz in Pflanzenöl frittiert, damit es nicht oxidiert und eine goldene Farbe erhält. Abtropfen auf einem Küchenkrepp, um das überschüssige Öl zu entlassen. Dabei macht es Sinn, solange die Selleriefäden noch Temperatur haben, ein kleines Nest zu kreieren, welches später das Ei in sich aufnimmt und als essbarer Eierbecher den Gaumenschmaus abrundet.

Zeitgleich haben wir Wasser zum Kochen gebracht und nur ganz kurz die Eier darin gebadet, sodass sich das Eigelb darin leicht stabilisiert, aber das Eiweiß darum noch eine gelartige Konsistenz behält, wodurch wir es leicht entfernen können.

Nach dem Abschrecken mit kaltem Wasser können wir nun das Eiweiß abspülen, welches sogleich das Eigelb freigibt. Dies wird nun in erhitzter geklärter Butter zu Ende gegart, damit es nicht zerbröselt, und landet dann auch auf einem Küchenkrepp, um sich auszuruhen.

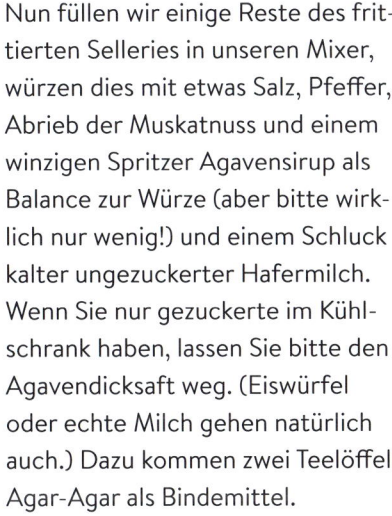

Nun füllen wir einige Reste des frittierten Selleries in unseren Mixer, würzen dies mit etwas Salz, Pfeffer, Abrieb der Muskatnuss und einem winzigen Spritzer Agavensirup als Balance zur Würze (aber bitte wirklich nur wenig!) und einem Schluck kalter ungezuckerter Hafermilch. Wenn Sie nur gezuckerte im Kühlschrank haben, lassen Sie bitte den Agavendicksaft weg. (Eiswürfel oder echte Milch gehen natürlich auch.) Dazu kommen zwei Teelöffel Agar-Agar als Bindemittel.

Alles schön durchmixen, bis sich eine schöne sämige Masse bildet. Achtung, bitte in Intervallen mixen, damit die Masse nicht zu heiß wird! Das Ganze fein durchpassieren.

Dann die Masse in einen Sahnesiphon füllen und die leeren Eihüllen damit leicht anfüllen, sodass noch Platz darin für das Eigelb ist. Jetzt das Eigelb einsetzen und dann das Ei bis zum Rand auffüllen. Schließlich auf unserem Sellerienest mit frischen Gartenblüten der Saison dekorieren. Bitte nur essbare Blüten verwenden, damit dieses wundervolle Ei nicht Ihr letztes wird. Ich persönlich gönne mir dazu handwerklich wertvolles Roggenmischbrot und eine Tasse Kaffee.

KÖSTLICHE SALATE

- 4 Dinge für ein Halleluja -

Was wären wir ohne Salat? Ob als Vorspeise, Beilage oder als Hauptgericht – bei Salat gibt es unendliche Möglichkeiten für Kreativität ohne Grenzen. Manch einer denkt bei dem Wort »Salat« vielleicht an die grünen Schlaffis aus Gewächshäusern ohne Stabilität, die sich selbst nicht aufrecht halten können, nachdem sie bereits einige Tage im Kühlregal ihrem schrecklichen Ende entgegenzittern. Dabei heißt Salat eigentlich Spannung und Spiel ohne Grenzen, denn Salat ist die wohl unverfänglichste Art, sich in der Küche zu betätigen.

Und, das soll vorab kurz erwähnt werden, die Inhaltsstoffe von Salat sind schon eine kleine »Hausapotheke«, wenn man ihre relevanten Bitter- und sekundären Pflanzenstoffen richtig zu deuten und anzuwenden weiß.

Grundbedingung für ein gutes Salatrezept ist, dass man den Salat richtig anmacht und einige grundlegende Dinge beachtet. Bekannt ist die Olivenöl-Balsamico-Variante, die wohl jeder schon mal irgendwo genoss oder davon hörte. Doch da geht's schon los. Zu beachten ist auch hier die Reihenfolge. Wenn man sie nicht respektiert, hat man kaum etwas vom guten Balsamico. Deswegen, weil selbiger im Falle des Ersteinsatzes des Öls am Salat heruntergleitet wie ein Eisläufer auf spiegelglatter Fläche. Dann liegt er ungenutzt und zutiefst beleidigt am Boden in der Schüssel. Das Geld war »ömmesös« (rheinisch »umsonst«) ausgegeben und das Gesamtkunstwerk Salat ist nur halb so gut.

Dann muss gerettet werden, was mit etwas Senf geht, der die beiden wieder vereint, damit der Abend doch noch schön wird. Daher macht es Sinn, es andersherum zu machen, wenn man diese Variante nutzen möchte.

Da wäre Variante 1 mit hellem Balsamico und Variante 2 mit dunklem Balsamico. Wann Sie die Varianten wählen, liegt bei Ihnen. Wenn Sie zum Beispiel mit Blüten im Salat arbeiten, empfehle ich die helle Variante, um die Blüten in ihrer vollen Pracht auch visuell gut wahrnehmen zu können. Wenn Sie dunklen Balasamico bevorzugen, bitte die Blütenverzierung erst ganz am Schluss hinzufügen. Bei Feldsalat und Eichblatt passt somit durchaus der dunkle Balsamico, der meist noch andere Reifearomen in sich trägt, die im besten Falle einst durch die Lagerung in Holzfässern entstanden sind, welche dem weißen Condimento-Kollegen fehlen, da nur in Edelstahl produziert. Doch dazu später mehr.

Sie werden sehen, dass sich das Gemisch wunderbar zu einer geschmeidigen Konsistenz vermengen lässt, die selbst auf geröstetem Brot alleine schon der Hammer ist. Sollte die Konsistenz etwas zu fest sein, sodass sich diese köstliche Masse nur träge an den Salat schmiegen möchte, haben Sie mehrere Optionen: wenige Tropfen Wasser hinzugeben oder wenige Tropfen Essig hinzugeben und vermischen, bis es passt.

Sie merken schon, wenn man das sensitiv macht, können Sie nichts zerstören. Ist es zu wässrig geworden, weil Sie abgelenkt worden sind, einfach etwas Senf und Honig dazu, und die Nummer ist gerettet. Die ätherischen Öle des Senfes, der Honig und der Balsamico bilden hierbei eine Art Emulsion und geben dem Öl die Möglichkeit der Harmonisierung mit den anderen Zutaten, was Sie eben bei der eindimensionalen Essig-Olivenöl-Variante nicht wirklich hinbekommen und die Zutaten doch irgendwie immer getrennt bleiben. Dann entstehen diese »Ochsenaugen«, wenn der Essig im Öl kleine Kügelchen kreiert.

Diese Mischung in leicht flüssiger Variante gerne auch in eine Squeezerflasche füllen, die man dann bei Bedarf aus dem Kühler holt und diese jetzt untrennbare Basis gekonnt wie zielgenau positionieren kann. Das Tolle bei dieser Variante

Schnappen Sie sich eine Schüssel nebst Schneebesen und los geht's!
1) Balsamico oder Essig Ihrer Wahl hinein,
2) das gewünschte Öl, was auch immer sie lieben,
3) ein Löffel Senf, ob fein oder grob, hat logischerweise Auswirkungen,
4) ein Löffel Honig, der gibt dem Ganzen Tiefe, und vermischen!

ist, dass man zunächst auf alles verzichten kann, wie Salz oder Pfeffer, und dann am Ende noch etwas nachlegt, wenn überhaupt nötig. Erfahrungsgemäß bringen die 4 Zutaten aber alles mit, was einen Top-Salat abrundet. HALLELUJA!

Kurze Info in Sachen Essig:

Zeit ist der Faktor, der Essig wertig macht. Es vergehen für den echten Balsamico traditionale Jahre in der Solera-Methode, wie beim Madeira oder beim Sherry, wo das gute Nass von Fass zu Fass wechselt und daher, stets vermischt mit neuem Balsamico des vorhergegangenen Fasses, auch keine echte Altersbezeichnung möglich ist. Das geschieht so lange, bis es nach Jahren zu einer immer dicker werdenden Konsistenz heranreift und seine Fruchtnoten auf ein Mindestmaß an Flüssigkeit natürlich durch Verdunstung komprimiert.

Dies wiederum wird dann mit der Bezeichnung »extravecchio« nach 25 Jahren Reife belohnt und steigert sich bis über 100 Jahre und älter. Doch diesen edlen Tropfen in eine Salatsoße zu mischen, wäre schon extrem dekadent und sollte solitär auf einem Stück gereiftem Käse genossen werden, wenn man sich so etwas gönnen möchte. Aceto balsamico ist übrigens keine geschützte Bezeichnung über die Qualität des Essigs. Selbst das oft sichtbare IGP–Etikett weist lediglich auf eine regionale Aussage, nicht aber über die Qualität des Produktes oder gar das Alter. Findige Hersteller versuchen, den Faktor Zeit durch Einkochen des Traubenmostes und der damit verbundenen Verdunstung mit Verdichtung zeitlich kommerziell zu verkürzen, weil eben nicht jeder 100 Jahre Zeit hat. Das Ergebnis ist natürlich nicht das gleiche und wird, wenn es ehrlich angezeigt wird, auch sehr preiswert im Handel als »Crema di Balsamico« angeboten.

Kurze Info zum Thema Olivenöl:
Die Auswahl eines guten Olivenöls ist eine der komplexesten Sachen auf unserem Planeten. Daher kauft man gutes Olivenöl stets im Fachhandel, wo man es probieren kann! Jedes Öl spiegelt die Region, aus der es kommt, so wie der Wein.

Der OLIO-Qualitätstest:
Dabei bitte erst mal nicht probieren, sondern tupfen Sie mit Ihrer Fingerkuppe, die Sie kurz in Olivenöl tauchten, drei Punkte auf Ihren Handrücken. Dann drehen Sie Ihre andere Hand so, dass die Handrücken aufeinanderliegen, und bewegen Sie diese, um das Öl darauf zu verreiben. Dann trennen Sie sie bitte und schauen, was passiert ist.

Beste Option: Das Öl ist vollständig in die Haut eingezogen, als wäre es nie da gewesen, und es duftet frisch. Dann hat es unter 0,39° Restsäure, passiert die Hautbarriere in Sekunden und wurde vorzüglich hergestellt. Dass es sich hierbei um die wirklich erste Pressung bester Qualität handelt, ist somit höchst wahrscheinlich! Dabei ist davon auszugehen, dass diese Variante des Glücks nach Marco Mugelli hergestellt wurde, der das moderne Verfahren ohne Luftoxidation beim Mahlvorgang entwickelte. Mugelli verließ unsere Genusswelt 2011 und wir sind ihm zu Dank verpflichtet, weil er uns neue Möglichkeiten eröffnete, die vorher undenkbar waren. R.I.P. Marco! Bei der Sensorik im Mund bieten derartige Öle Explosionen ihrer Aromen, die darin eingefangen wurden und lebendig blumenreich am Gaumen zutage treten. Dass diese Öle noch etwas mehr können als nur lecker sein, dürfte naturtrübe Klarheit liefern.

Zweitbeste Option: Ergibt das Öl auf Ihrem Handrücken einen leicht fettigen Film, der nach mehrmaligem und längerem Einreiben mit der Handfläche nur langsam verschwindet, ist die Qualität nicht ganz so gut und zeugt in den meisten Fällen von einer Steinmühle mit Luftoxidation während des Mahlvorgangs vor dem Pressen. Auch eine zu lange Lagerung an lichtdurchfluteten Orten in hellen Gefäßen sorgt für eine Qualitätseinbuße. Meistens ist dann die Verkostung im Grunde unnötig. Wer es doch versuchen möchte, erlebt dabei keine klare Ansage, sondern eine, die eher in Richtung buttriger, leicht eindimensionaler Geschmacksnoten mit oxidativen Aromen geht. Man stelle sich eine Banane vor, die leicht gedrückt ebenfalls braun oxidiert. Das macht eine Olive auch, wenn sie längere Zeit beim Mahlprozess der Sauerstoffoxidation ausgesetzt ist. Das ist zwar immer schön romantisch anzusehen, wenn die dicken Mühlsteine die Olivenmasse zermahlen, aber für uns Köche ist es schwierig, weil dann auch der Schmauchpunkt signifikant sinkt und keine feine Küche mehr realisierbar ist. Ich verwende derartige Öle nicht.

Schlechteste Option: Der Fettfilm auf dem Handrücken löst sich nicht mehr auf und ergibt eine extrem unerotische Rutschpartie, die dann stets mit einem Küchenkrepp und verzerrten Gesichtern zu einer ablehnenden Haltung gegenüber des Olivenöls führt. Und das, obwohl es das Wunderbarste der Welt wäre, wenn es denn gut ist. Dies hingegen zeugt dann von den Machenschaften der Olivenölindustrie, die mit gekonnten Werbeszenarien ihre zusammengemixten Olivenernten unterschiedlicher Regionen und Länder unter die Leute bringt, indem etwa eine Landesbezeichnung vom Abfüllort zeugt. Es werden auch teilweise Olivenpresskuchen nach dem ersten Pressen mit chemischen Vitamin E als Konservierungsmittel angereichert, um Qualität vorzugaukeln. Auch der Preis für einen Liter Motorenöl für unsere Autos sollte uns eine Qualitätsaussage sein. Öle, die unsere eigene Körpermaschine unentwegt ohne Pause funktionstüchtig halten, sollen mindestens genauso viel kosten! Dies gilt für alle guten Öle, ob nun Oliven-, Raps-, Distel-, Kürbis- oder anderes Öl, das stets für unser Wohlbefinden bis zur Darmpflege unerlässlich ist.

Zum **Salat** muss ich nichts extra sagen, das ist einfach Geschmackssache. Hier gelten nur drei Dinge: Frische, Frische, Frische! Der Salat muss stets knackig frisch sein und nicht schlaff oder gar traurig. Dann macht er uns glücklich und hat noch wichtige Mineralien in sich, die wir dringend brauchen, um leistungsfähig und gesund zu sein.

Ist nun die **Vinaigrette** in der Flasche, gehen Sie zum Wasserhahn und spülen diese Schüssel mit kaltem Wasser ohne Seife aus. Alles verschwindet ohne einen Fettfilm, wenn das Öl gut war, und zeugt von der ganzheitlich maritimen Lebensqualität zwischen Genuss und Gesundheit. Bevor es losgeht, noch ein paar kurze Anmerkungen zu Senf und Honig.

Bei **Senf** sollte man nicht wirklich knausrig sein und hoffen, Geld für den Urlaub sparen zu können. Es gibt mittlerweile wundervolle kleine neue, aber auch altehrwürdige Senfmanufakturen wie jene aus Dijon, dessen Namen Senf aus dieser Region tragen darf und wovon wohl fast jeder schon mal irgendwo gehört hat. Was Solingen für die Messer in Deutschland ist, so ist Dijon die französische »Hauptstadt« des Senfes.

Einst erschuf Edmond Fallot im Jahre des Herrn 1840 seine historische Senfmühle, die bis heute sehr langsam und schonend Senfkörner in den wohl feinsten Senf verwandelt, den ich neben dem Düsseldorfer Löwensenf kenne. Die Mühlsteine laufen stets langsam, um nicht zu viel Wärme auf die sanfte Senfsaat einwirken zu lassen, die ihr im schlimmsten Fall die ätherischen Öle austreibt, wodurch Senf kurzlebig und geschmacklos wird. Dieses Senföl im Senf lässt uns zuweilen erschaudern, doch es ist ein Jackpot der Gesundheit, der, gelutscht auf einem Löffel, das wohl Beste gegen Halsschmerzen ist und man fragt sich, was denn schlimmer schmerzt, denn der Senf wird größtenteils über die Schmerzrezeptoren der Schleimhäute des Mundes wahrgenommen und kann, wenn er böse genug ist, den Schmerz überlagern.

Jedoch im Salatdressing wie auch im Kartoffelsalat vollbringt er wahre Wunder, Sie werden sehen.

Honig ist ein Geschenk der Natur, auch wenn guter Honig etwas kostet, wenn er unverfälscht von den fleißigen Bienchen gesammelt wurde. Solange es noch Bienen gibt, ist die Welt noch in Ordnung, doch das Glashaus wackelt und ich setze auf die restliche Vernunft der Menschheit, den Bienen Lebensraum zu schenken. Überleben die Bienen, überleben wir auch. Im Salatdressing vermischt mit Olivenöl, Balsamessig und Senf vereint der Honig alle relevanten Geschmackssektoren auf höchst anspruchsvolle Weise und belohnt mit gesundem Geschmack. Je nach Salatsorte, ob nun edelbitter wie beim Chicorée

oder beim Rauke-Pflücksalat oder sanft süßlich wie beim Eisbergsalat, darf es schon etwas mehr sein, um dem Salat gegenüber einen Ausgleich zu bieten.

Und jetzt auf den folgenden Seiten ein paar **Salatrezepte** von mir, wirklich nur eine kleine Auswahl, die Sie inspirieren soll. Lassen Sie Ihrer Kreativität freien Lauf!

Die Melone zerteilen und einige der erzeugten Scheiben ihrer Außenhaut entledigen. Hinein in einen Vakuumbeutel mit etwas Olivenöl und Rosmarin. Klingt verrückt und ist es auch. Dann vakuumieren, was die Inhalte eindrucksvoll vermischt, für ein zartes Rot sorgt und die eigentlich nur süße Melone plötzlich herzhaft parfümiert.
Mandelblätter mit etwas braunem Zucker erhitzen.
Dann den Ziegenkäse zerteilen und die Melone nach 2 Stunden aus ihrem engen Gefängnis befreien.

Wassermelonen sind an sich schon eine feine Sache. Mein Tipp: Sie müssen prall sein, wie ein leicht überfüllter Fußball. Dann haben sie eine vibrierende Akustik, wenn man mit der flachen Hand draufklopft.

Und man sollte mit einem Fingernagel in die Außenhülle mit einem lauten »Knack« eindringen können. Das gibt schon fast die Sicherheit, eine gute Melone erwischt zu haben, wenn Sie sich eine ganze gönnen möchten.

ZWEISPÄNNER MIT MELONE UND ZIEGENKÄSE

- Süß & herzhaft -

Die Melone würfeln und das unvermeidbare Zusammentreffen in einer Schüssel mit dem Ziegenkäse, etwas Olivenöl, einem winzigen Spritzer Balsamico weiß, Meersalz, Pfeffer und guter Laune besiegeln. Ein unvergesslich saftiges Erlebnis!

SALAT IN GRÜN MIT MANGO-VINAIGRETTE

- Sanfte Harmonie -

Bei Salat kommt es wie immer auch auf die dreidimensionale Wahrnehmung an. Auch ein Grund, warum wir den feinen Salat nicht mit einer zermarterten und mit Pfeffer und Salz abgestimmten Avocado erdrücken, sondern sie nur genussvoll an den Boden der Salatschüssel malen, wie eine sinnliche Duftspur mit Geschmack und Inhalt. Darauf ondulieren wir unseren Salat in seiner vollen Pracht und dürfen sicher sein, dass er uns dafür extrem dankbar sein wird.

Nappiert mit einer köstlichen Vinaigrette wird es unvergesslich werden. Die zerdrückte Avocado werfen wir natürlich nicht weg, sondern streichen sie als Zwischenmahlzeit auf eine Scheibe knuspriges Bauernbrot.

Unsere Vinaigrette besteht aus Balsamico weiß, Mangosaft und Olivenöl und einem Hauch von Senf.
Das bietet unseren Geschmacksknospen ein Spielfeld und macht Lust auf mehr.

Sie werden staunen, wi‹ Geschmacksnoten mi† Ihrer Wahl harmonier und genussvoll aufes

Zu den Garnelen gönnen wir uns, ausnahmsweise mal nicht selbst gemacht, einen Kadaifi oder auch türkisch Kadayif–Teig, den man mittlerweile problemlos im Lebensmittelgeschäft bekommt. Normalerweise erlebt man diesen Fadenteig, auch Engelshaar genannt, im Zusammenhang mit Süßspeisen unserer arabisch-türkischen Freunde. Heute verwenden wir diesen in der herzhaften Variante zum Umhüllen von argentinischen Garnelen, die bedeutend besser und gesünder sind als ihre Brüder und Schwestern aus den fragwürdigen Teichzuchten Asiens.

Zuerst geht's der Garnele ans Gedärm, damit nichts den Genuss trüben kann. Wie bereits in der kleinen Kochschule berichtet, entsorgen wir aus diesen Garnelen mit einem gekonnten Stich in der Endregion des Schwanzes den noch vom Meeresboden gefüllten Darm und ziehen ihn aus dem Körper, ohne das Tier zu zerlegen. Dann waschen Sie die Garnelen unter fließendem Wasser.

Nach der Aromatisierung mit Pfeffer und Meersalz folgen nun die fesselnden Fäden des Kadayif-Teiges. Da die Garnelen nahezu komplett aus Protein bestehen, nehmen wir die Färbung des Kadayif-Teiges als Anzeige, wann denn nun der Zeitpunkt gekommen ist, sie aus dem heißen Öl zu retten.

Abgetropft auf einem Küchen-krepp, drapieren wir nun diese Garnelen im Schlafanzug an den herrlich knackigen Pflücksalat, den wir vorher nur leicht mit einer Vinaigrette adeln. Frisches Obst wie Scheiben der Kiwi oder Heidelbeeren passen dazu, und schon ist ein köstliches Hauptgericht für heiße Tage fertig!

GARNELEN IM SCHLAFANZUG AN SALAT

- Knuspriger Genuss -

MITTENDRIN –
HAUPTSPEISEN

FLAMMKUCHEN BELFORT

- Schnelles Party-Food -

ZUTATEN
250 g Quark
2 Eier
210 g Mehl
1 EL Zucker
1 Spritzer Stroh-Rum
120 ml Wasser
Olivenöl
Belag ganz nach Belieben

Der Flammkuchen stammt aus dem Elsass und auch für dieses simple Gericht gilt: Die Franzosen wissen einfach, was schmeckt. Dieses französische Fast Food eignet sich besonders, wenn plötzlich Gäste vor der Tür stehen. Denn viel einfacher geht es nicht. Ich finde diese Petits Flambés einfach wundervoll. Sie haben fast unbegrenzten Freiraum für Ihre Kreativität und falsch machen können Sie hier kaum etwas.

Dazu Quark mit Eigelb mischen, Mehl dazugeben. Eiweiß mit Zucker und einem Spritzer Stroh-Rum (nicht, wenn Sie die Flammkuchen für Ihre Kinder machen!) verrühren und alles zu einem geschmeidigen Teig vermengen. Wichtig zu beachten: Bevor Sie den Teig ausrollen, bitte immer kurz für einige Minuten entspannen lassen. Dann lässt er sich besser verarbeiten.
Dekorieren Sie den Teig mit dem, was Ihr Herz beglückt oder was Ihre Speisekammer und der Kühlschrank hergibt. Sie können sogar die herzhaft-süße Variante mit etwas Schmand, Ziegenkäse und karamellisierten Walnüssen wählen.

Rein in den Ofen bei 220° C bis der Teig aufgeht und der Belag Farbe zieht. Dann rausholen. Einige Spritzer Olivenöl mit Limone oder Trüffel leisten geschmacklich wahre Wunder!

Zubereitungszeit: 25 Minuten | ergibt 4 Portionen
Schwierigkeitsgrad: ★ ☆ ☆ ☆ ☆

TIPP
Das Rezept funktioniert auch mit einem normalen Topf.

TAJINE DE MAROC

- Schau mir ins Rezept, Kleines -

ZUTATEN

½ kg Süßkartoffeln
2 Möhren
1 Granatapfel
1 Ingwerwurzel
2 Zwiebeln
½ Knolle Sellerie
Koriander
Zimt
Piment d'Espelette
Feines Meersalz
200 g getrocknete Tomaten
200 ml Kalbsjus
½ kg mageres Rindfleisch
250 g Couscous
1 Spritzer Arganöl
1 Bund Lauchzwiebeln

Marokko – was für ein Land der Gegensätze und der Top-Küche. Hier widmen wir uns der Tajine, einem Eintopf, der zwischen Palmen und Atlasgebirge genossen wird und den Namen des traditionellen Topfes trägt, in dem er normalerweise gegart wird. Die Tajine diente als robuste Grundlage für den Job als Tuareg, die mit ihren Zelten bis heute die Wüste jenseits der Städte bereisen. Und falls Sie keine Keramik-Tajine als Hütchentopf zu Hause haben, dann geht auch ein ganz normaler Topf mit Deckel.

Zubereitungszeit: 30 Minuten | **Garzeit nach Fleischsorte** | **ergibt 4 Portionen**
Schwierigkeitsgrad: ★★★☆☆

Für die Basis verwenden wir hier alte Eintopf-Bekannte: Süßkartoffeln, Möhren, Granatapfel, Ingwer, Zwiebeln, Sellerie und Zimt. Piment d'Espelette ist übrigens auch eine richtig gute Nummer darin in Kombination zu feinem Meersalz.

Schön tranchiert, kommt dies alles in einen Topf mit Granatapfelsaft. Hierfür verwenden wir etwa ein Drittel des Granatapfels. Wir zerkleinern die Kerne in einem Mörser und gießen den Saft aus. Getrocknete Tomaten hinzugeben und etwas Kalbsjus.

Den Jus machen wir in unserer Küche selbst, doch unser Koch-Kollege Jens Rittmeyer bietet den sogar fertig im Glas an, wenn man nicht selber daheim stundenlang Kalbsknochen in Jus verwandeln möchte. Zimtstängeli dazu, die wir später entfernen, und alles gut einkochen lassen. Wenn die Masse zu dickflüssig wird, Temperatur herabdimmen und mit etwas Granatapfelsaft strecken.

Kleiner Geheimtipp: Legen Sie eine oder zwei Stücke hochprozentige Schokolade mit hinein und vermischen Sie alles miteinander. Die Schokolade, der Zimt und die kräftigen Zutaten bilden etwas unfassbar Gutes. Das Ergebnis ist grandios!

Das Rindfleisch (in Marokko meist Kamel an Feiertagen) braten wir sanft in der Pfanne an, damit es in seiner Konsistenz in der köchelnden Basis nicht aufgeht wie in einem traditionellen Eintopf aus Deutschland. Hier möchte man noch sehen, was darin ist.

Je nach Fleischsorte verändert sich die Gardauer nach der alten Faustregel: je billiger, desto länger.

Als Beilage gibt es Couscous. Das klingt fremdartig, ist aber nichts anderes als Hartweizengrieß. Couscous quillt schön auf und bekommt eine wunderbare Konsistenz. Und macht genauso glücklich wie Spaghetti Bolognese! Dazu geben wir aber heute Granatapfel, einen Spritzer Arganöl, frische Lauchzwiebeln und das war's auch schon.

Wenn wir all unsere Zutaten zusammenfügen, entfaltet sich der unfassbare Duft der orientalischen Zutaten und man fühlt sich wie in Casablanca ... Dazu ein halal Spiruli zur leichteren Verdauung als köstliches Regulat. Bon appétit!

TIPP
Bei den Zutaten
gibt es keine festen
Regeln – variieren Sie!

THONY'S THAI-CURRY

- Ganzheitlich lecker -

ZUTATEN

1 frisches Huhn
250 g Galgantwurzel
2 große Karotten
1 Bund Frühlingszwiebeln
2 Gemüsezwiebeln
2 Stängel Zitronengras
½ Knolle Sellerie
1 Pak Choi
8 frische Minimaiskolben
4 Minikürbisse
250 g Pfifferlinge
Rote Thai-Currypaste
Kokosöl
1 Aubergine
Koriander
500 g Basmatireis
    oder Naturreis

Jetzt wagen wir uns an die wohl energiereichste Küche der Welt. In der Thaiküche wird alles mit größtem Respekt behandelt. »All you can eat« gibt's hier nicht und das, was zubereitet wird, dient stets zur ganzheitlichen Vereinigung von Körper und Geist, um möglichst lange gesund zu bleiben. In Thailand wird auch nach ayurvedischen Richtlinien gekocht.

Ayurveda bedeutet »Wissen vom Leben«. Bei der ayurvedischen Küche geht es natürlich um die Ausgeglichenheit der Verdauung, des Blutdrucks, der Organfunktionen und des Geistes. Da müssen wir Deutschen noch etwas dran rumschrauben, aber ich bin mir sicher, wir schaffen das.

Fleisch spielt keine große Rolle im Ayurveda, wird aber nicht abgelehnt. Ich mag aber vor allem den Geschmack von Huhn. Wenn Sie Vegetarier sind, lassen Sie einfach das Huhn weg und ersetzen es durch proteinhaltiges Erbsen- oder Lupinen-»Fleisch«, das es inzwischen in jedem besseren Supermarkt gibt.

Zubereitungszeit: 50 Minuten | ergibt 4 Portionen
Schwierigkeitsgrad: ★★★☆☆

STEP BY STEP

- Thony's Thai-Curry-

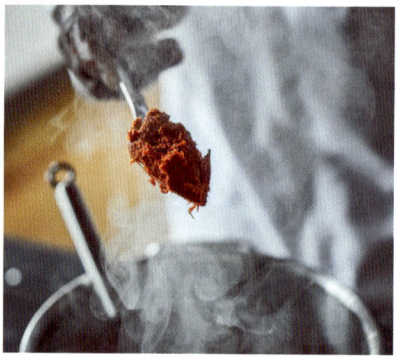

Alles beginnt stets in der Küche mit einem Topf, da macht die ayurvedische Küche keine Ausnahme. Dieses Gericht vollzieht sich in drei Schritten: Die Basissuppe herstellen (alles rein, was gesund hält und Geschmack macht), die Reiszubereitung (diesmal mit weißem Reis), die Finalisierung (nur die schönen Dinge machen glücklich). An dieser Stelle sei gesagt, dass Sie bitte von den verwendeten Zutaten für die Basissuppe die Hälfte der Zutaten beiseitelegen, denn die brauchen wir später noch zur Finalisierung!

Mit der Zubereitung der Basissuppe sorgen wir dafür, dass an das Wasser Energie durch die Zutaten hineinkommt, und verwenden alles, was uns die Natur bietet, wie Zitronengras, Zwiebeln, Galgant oder alternativ Ingwer, Pilze, Karotten, Sellerie, ein entspanntes Hühnchen, von dem wir zunächst einige Abschnitte und Knochen bei der Zerlegung des Hühnchens nutzen, denn es wird in der ayurvedischen Küche noch weniger entsorgt als in der Westlichen.

Dazu folgt noch roter Thai-Curry und natürlich Kokosöl, Salz und Koriander. Ich verwende gerne einen Löffel Honig dazu, der verleiht dem Ganzen noch etwas mehr Tiefe. Die Kochzeit ist variabel. Haben Sie es eilig, geht ein Schnellkochtopf, aber ich finde: Alles braucht Zeit und Ruhe. Ich lasse es langsam köcheln. Das ist schon eine andere Welt, auch geschmacklich.

Zwischenzeitlich wird der Reis traditionell im Dampfgarer finalisiert. Sonst geht natürlich auch ein Topf. Zum Reis kommt etwa die doppelte Menge Wasser. Wir verwenden hier weißen Reis, aber ich empfehle auch gerne Naturreis mit seinen Schalen, die noch die volle Dröhnung an Silizium, Magnesium und Mineralstoffen an sich haben. Das sieht zwar im ersten Moment etwas alternativ aus, ist aber vor allem gut für die Verdauung.

Ist nun bei unserem Curry alles Gute ins Kochwasser transferiert und zu einer Einheit verschmolzen, gießen wir alles durch ein feines Sieb und trennen die jetzt kostbare Flüssigkeit von den zerkochten »leeren« festen Bestandteilen. Natürlich darf von den Rückständen genascht werden. Die Basissuppe in einen Topf geben, und nun wird die zweite Hälfte der Zutaten in die Finalisierung gegeben und ca. 15 Minuten gar gezogen, damit sie noch lebendig, knackig und lecker aussehen, wenn wir anrichten.

Dazu noch köstliche Aubergine in einer Pfanne in Öl anziehen, sodass sie glasig werden und dieses wunderbare steinpilzartige Aroma entwickeln, das sehr gut zu den anderen Zutaten passt. Wir braten sie, damit sie eine schöne Textur erhält und keinen bitteren Nachgeschmack hat. Das Solanin in ihr (toxischer Stoff, ebenfalls in den Astansätzen der Tomaten zu finden) neutralisiert sich ab 57° C und dann lässt sich dieses großartige Gemüse bedenkenlos verzehren. Zeuge dieses Vorgangs ist das Glasigwerden der Aubergine.
Alles schön anrichten und genießen! Dazu passt ein leckeres alkoholfreies Bier. Es setzt ein Gegengewicht zu den Zutaten und rundet diese Erfahrung vortrefflich ab. Und Alkohol hat sowieso nichts in der ayurvedischen Küche verloren!

TIPP
Wirklich nur kurz kochen,
damit der Kohl
knackig bleibt!

BLUMEN-COOL

- Ohne Semmelbrösel -

ZUTATEN

1 kleiner Blumenkohl
1 Zitrone
100 g brauner Rohzucker
1 Bund Thymian
Kaffeebohnen
50 g Mandeln
1 Bund Frühlingszwiebeln
Olivenöl
100 ml Crème fraîche

GRANOLA

100 g Haferflocken
50 g Nüsse, gehackt
50 g Kerne
30 g Kokoschips
4 TL Honig
4 Tl Olivenöl
Zimt
Salz

Blumenkohl, was für ein grandioses Gemüse. Sieht aus wie ein Gehirn und ist nicht so uncool, wie manche glauben, die ihn aber nur mit fetter Soße oder mit einer dicken Kruste aus Semmelbröseln und Butter kennen. Wir genießen ihn fast pur, um seinen gesundheitsfördernden Stoffen wie Vitaminen, Mineralstoffen und Senfölen gerecht zu werden. Außerdem trägt der leicht bekömmliche Blumenkohl zur Magen-Darm-Gesundheit bei. Also bitte nicht den Fehler machen, die Qualitäten dieses Blütengemüses unter einer dicken Schicht aus Sauce hollandaise oder fetten Semmelbröseln zu begraben.

Für Granola vermengen wir Haferflocken, Nüsse und Kerne (gestoßen) mit Kokoschips, Honig und Olivenöl, etwas Zimt und Salz in einer Schüssel und bringen die Masse auf einem Backblech mit Backpapier aus. Bei 180° C ca. 35 Minuten braun und knusprig backen. Abkühlen lassen und zerkleinern. Granola bereitet man am besten vor. Es hält sich für etwa zwei Wochen.

Zubereitungszeit: 20 Minuten | ergibt 4 Portionen
Schwierigkeitsgrad: ★★☆☆☆

Wir entfernen die Blätter des Blumenkohls und trennen ihn auf. Nun schneiden wir kleine Röschen und blanchieren sie kurz in etwas Salzwasser mit Zitrone, damit sie ihre Farbe behalten. Vorsicht: Blumenkohl ist ein sensitives Gemüse und besteht selbst aus großen Mengen Wasser. Daher nur kurz, maximal 1,5 bis 2 Minuten, im Kochwasser lassen und dann abgeschreckt im Eiswasser.

Dann bleibt er knackig und wunderbar, auch wenn wir ihm in einer Pfanne die nötigen Röstbitterstoffe verleihen. Raus damit, in Sicherheit und warm halten.

In der Pfanne etwas braunen Rohrzucker auf Temperatur bringen, bis er karamellisiert. Darin wenden wir nun Thymian, Kaffeebohnen und Mandeln, die beim Kontakt mit dem heißen Zucker wundersame Aromen freisetzen.

Karamellflüssigkeit, Mandeln und Kaffeebohnen in einem Mörser oder Blender zerkleinern. Ist der karamellisierte Zucker aus der Pfanne, werden darin noch kurz die Frühlingszwiebeln in etwas Olivenöl angezogen.

Jetzt ist Eile geboten, und es wird angerichtet mit dem Hauptdarsteller Blumenkohl. Etwas Crème fraîche als Spiegel darunter, dann selbst gemachte Granola, Frühlingszwiebeln und die noch warme Zuckermelasse, die wir hie und da fein positionieren.

Avanti Galoppi servieren wir den Blumenkohl mit einem knackigen Rosé aus dem Languedoc-Roussillon. Guten Appetit!

TIPP
Die Inhalte Ihrer
Sushi-Rollen gestalten
Sie ganz nach Belieben!

DAS SUSHI-DING

- Die kesse Rolle -

ZUTATEN
500 g Sushi-Reis
1 Flasche Reisessig
1 Flasche Sake
1 kleine Flasche Reissirup
Noriblätter (Algenblätter)
Bambusmatte zum Wickeln
   von Sushi
Wasabi (Vorsicht, scharf!)
Sojasoße
1 Schlangengurke
1 Thunfischfilet
1 Lachsfilet
Frische Pilze
Matchatee
Sesamöl zum Herausbacken

TEMPURATEIG
50 g Mehl
¼ Päckchen Backpulver
50 g Speisestärke
1 Ei
1 Spritzer Sojasoße
1 TL Salz
150 ml Eiswasser

Zubereitungszeit: 50 Minuten | ergibt 4 Portionen
Schwierigkeitsgrad: ★★★☆☆

Sushi – was für eine tolle Erfindung! Eigentlich erfunden, um es mit den Fingern zu essen. Es sieht so einfach aus, hat's aber in sich, und das liegt nicht an der Füllung, sondern am Reis! Gehen Sie zum Asia-Food-Händler Ihres Vertrauens und wenn Sie kein Vertrauen haben, bauen Sie es bitte auf. Es wird Sie bereichern! Erwerben Sie Sushi-Reis und nehmen Sie dazu bitte noch den passenden Reisessig und Sake mit.

Beim Sushi-Reis gibt es mehrere Möglichkeiten:

1. Sie kochen den Sushi-Reis nach Anleitung und waschen ihn, bevor Sie ihn mit dem Reisessig vermengen. Ganz großartig ist auch immer ein Spritzer Reissirup dazu.

2. Sie kochen den Sushi-Reis nach Anleitung und waschen ihn, bevor Sie ihn mit dem Reisessig vermengen und einen Spritzer Sake dazugeben.

3. Sie kochen den Sushi-Reis nach Anleitung und waschen ihn, bevor Sie ihn mit dem Reisessig plus Reissirup vermengen und trinken den Sake selbst.

Nein, im Ernst. Beim Reiskochen können Sie nichts falsch machen.

Nun weichen Sie die Noriblätter kurz in Wasser ein, damit sie geschmeidig werden, und breiten Sie diese auf einer Bambusmatte aus. Dann verteilen Sie den vorher gut ausgeruhten Reis und verteilen ihn in einer dünnen Lage auf dem Noriblatt. Formen Sie eine Linie mit dem grünen Wasabi aus asiatischem Meerrettich.

Nun ist Ihre Kreativität gefragt, ob Sie vegan mit köstlichem Gemüse oder Fisch Ihr Sushi veredeln möchten. Gurke eignet sich genauso wie Thunfisch oder Lachs. Ich persönlich finde auch gerösteten Sesam darin großartig. Nun rollen Sie die Füllung in die Noriblätter.

Für den Tempurateig Mehl, Back-pulver und Speisestärke sieben. Ei in einer Schüssel mit Wasser aufschlagen und einen Spritzer So-jasoße hinzugeben. Sollte der Teig noch zu fest sein, kaltes Wasser hin-zugeben, bis eine flüssige Konsis-tenz entsteht. Bitte ca. 30 Minuten entspannen lassen. Gegebenenfalls noch etwas kaltes Wasser hinzuge-ben, sollte sich die Masse wieder eingedickt haben – was sie eigent-lich immer tut.
Dann das vorher vorbereitete Sushi darin kurz wenden und im heißen Sesamöl kross backen.

Abgetupft auf Küchenkrepp ist das ein wirkliches Highlight und darf auch noch warm aufgeschnitten werden. Dies aber stets mit einem sehr scharfen Messer, das den Reis nicht quetscht, damit das Gesamt-kunstwerk nicht vor dem Genuss zerbröselt.

Als Deko noch frische Pilze kurz in Sesamöl angebraten und auf einem grünen Spiegel von Wasabi und Matchatee anrichten. Bitte gleich servieren, denn dieses Sushi muss warm gegessen werden.
Dazu passt ein gut gekühltes alko-holfreies Getränk. Spiruli mit Minze und einer Scheibe Ingwer auf Eis. Wunderbar!

RINDERLENDE AN RISOTTO

- Zart und kräftig zugleich -

ZUTATEN
1 Rinderlende
Jus
250 g Risotto
½ Liter Gemüsebrühe
(frische Zutaten!)
Weißwein zum Ablöschen
75 ml Olivenöl
75 g Butter
5 Schalotten
schwarzer Knoblauch
Thymian und Rosmarin
Parmesan nach Geschmack

Gutes Fleisch ist Vertrauenssache. Sprechen Sie mit Ihrem Metzger, fragen Sie, woher die Tiere kommen. Und wenn Sie keine befriedigende Antwort bekommen, dann kaufen Sie woanders ein. Nichts ist wichtiger als der Lebenslauf des Tieres, bevor es sein Leben ausgehaucht hat. Hat das Tier noch Sonne genossen, den Duft und Geschmack der Wiesen in sich aufgenommen? All dies ist Ganzheitlichkeit. Wenn das Tier artgerecht gehalten wurde, dann werden Sie es schmecken. Und dazu die Krönung simpler italienischer Kochkunst – ein Risotto.

Zubereitungszeit: 35 Minuten | ergibt 4 Portionen
Schwierigkeitsgrad: ★★★☆☆

STEP BY STEP

- Rinderlende an Risotto -

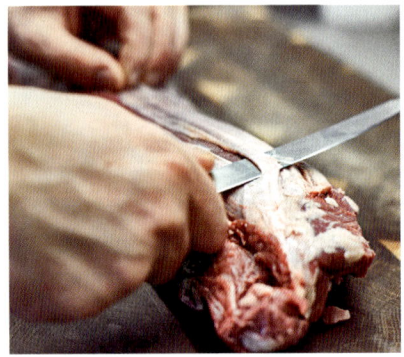

Manches im Leben beginnt mit einem sauberen Schnitt. Nur so können Sie die Sehnen, die das Fleisch im Rinderrücken positionierten, entfernen. Dazu mit einem scharfen Messer mit flacher Klinge unter die sichtbaren Sehnen stechen und diese mit gefühlvollem Schnitt, etwas nach oben orientiert, sauber vom Filet trennen. Übung macht den Meister. Die Sehnen bitte nicht wegwerfen, die brauchen wir noch, weil in ihnen Gutes steckt und sie später im Jus Verwendung finden. Jetzt jedoch verwenden wir bereits vorbereiteten Jus, der in einem kleinen Pfännli auf kleiner Flamme geschmolzen wird, um am Ende das Tüpfelchen auf dem i zu sein.

Nun folgt der Risottoreis, vorzugsweise Arborio oder Carnaroli aus dem Piemont. Sogleich beginnt sich der Reis in diesem Gemisch des Guten wohlzufühlen, zieht Farbe und saugt das auf, was ihn vor dem Anbrennen in der Pfanne rettet. Dabei quillt er aber nicht und es ist fast wie eine Explosion im besten Sinne, wenn Sie ihn aus dieser misslichen Lage durch das Ablöschen mit Weißwein befreien, während er sich in eine langsam beginnend schmelzige Konsistenz verwandelt. Und jetzt rühren, rühren, rühren und immer wieder mit Gemüsebrühe aufgießen.

Zwischenzeitlich haben wir eine Steakpfanne mit etwas Öl auf Temperatur gebracht, damit sich die Filets darin wohlfühlen. Wir respektieren die saftige wie zarte Konsistenz unserer Rinderlende und untermalen sie mit angerösteten Zwiebeln, Knoblauch und Gartenkräutern wie Thymian und Rosmarin. Nun folgt das Fleisch, sorgsam in Scheiben gleicher Höhe in der Pfanne positioniert, damit sie Luft zum Atmen haben.
Solange die Steaks anziehen, beim Risotto immer schön Brühe nachgießen und: rühren, rühren, rühren!

Der richtigen Garpunkt beim Fleisch ist auch Gefühlssache. Eine zu lange Hitzephase schmälert die Lebensleistung des vorherigen Eigentümers enorm. Die Steaks nie aus den Augen lassen. Die Steaks nach dem Wendemanöver und der andersseitigen Bräune von ihren Aromakräutern befreien und die angebratenen Zwiebeln darauf nach Gusto positionieren. Durch den Anbratprozess sind die Schalotten weich und karamellisiert. Sie verfügen plötzlich über unsagbar köstliche Röstbitterstoffe, die gemeinsam mit den Aromen der Kräuter durch das Olivenöl in die Filets eingedrungen sind.

Jetzt folgt der letzte Akt der Risotto-Oper mit der Zugabe von mindestens 24 Monaten gereiftem Parmesankäse, ob nun Traditionale, Vacche rosse oder Vacche bianco, die alle unterschiedliche Geschmackstexturen aufweisen. Dabei ist zu beachten, dass die einst darin gefangene Laktose bereits nach 18 Monaten völlig entfleucht ist und niemanden mehr aufregen kann, sollten Sie zur Zielgruppe der Laktoseintoleranten gehören. Egal, welchen Reggiano Sie mögen, bitte schön raspeln, final unterrühren und dem Risotto seine schlotzige Konsistenz verleihen.

Positionieren Sie das Fleisch nebst Beilagen auf einem vorgewärmten Teller, um die Aromenvielfalt und das Fleisch nebst Risotto auf Genusstemperatur zu halten. Und vergessen Sie bitte nicht den Jus, der nun noch auf seinen Auftritt wartet.

Wenn Sie alles richtig gemacht haben, verbindet sich das zarte Fleisch mit dem Risotto und dem Jus zu einem Festival der Liebe, das man perfekt mit einem massiven Primitivo aus der Region um Lecce abrundet. Seine zarten Leder- und Schokoladenaromen mit Vanillesequenzen sind dazu eine Offenbarung.

TIPP
Als Kartoffeln
eignen sich französische
»La Ratte«.

EXTRAZARTES STUBENKÜKEN

- Definitiv kein Brathähnchen -

ZUTATEN

1 frisches Stubenküken
Olivenöl
1 EL Tomatenmark
1 Zwiebel
0,2 l Rotwein
200 g kleine festkochende
   Kartoffeln
1 Bund Rosmarin
Thymian
Salbei

Stubenküken heißen in den Schweiz auch Mistkratzerli. Allein diese niedlichen Namen lassen Veganer erschaudern, aber schmilzt erst mal das zarte Fleisch dieses Flattermanns am Gaumen, lüftet sich ein Geheimnis des wahren Glücks für Genießer. Die saftigen Oberkeulchen (denn Keulen sind es ja nicht) zum Beispiel sind zart und schmackhaft und haben mit einer Hähnchenkeule nicht viel gemein.

Zubereitungszeit: 45 Minuten | ergibt 2 Portionen
Schwierigkeitsgrad: ★★★★☆

Das am Knochen sitzende Keulenfleisch befreien wir von der Haut. Wir schieben das Fleisch in Richtung Obergelenk, was eine neue kleine Keule mit mehr Masse generiert. Genauso verfahren wir mit dem zweiten Keulchen und wickeln nun diese »Drumsticks« in Folie, um sie schonend im Wasserbad (maximal 67° C ca. 30 Minuten) zu garen. Dieses Verfahren nennt man Sous vide.

Zeitgleich die abgestreifte Haut der Keulchen mit der übrigen Karkasse (Gerippe) unter Verwendung von etwas Olivenöl in einem Topf bei hoher Energie anbraten, Tomatenmark, Zwiebeln hinzugeben und das Ganze mit einem Schluck Rotwein ablöschen. Das alles eindicken und es erkalten lassen. Dabei vermählen sich die bindenden Inhalte des Tomatenmarks mit den Aromen des Stubenkükens und werden zu einem köstlichen Gesamterlebnis. Gewürzt wird zum Schluss, wenn es wieder zum Servieren aufgewärmt wird und dann die guten Inhalte nicht mehr verdunsten können.

Die Brust des Mistkratzerli an der Hautseite anbraten. Vorsicht: Das heiße Olivenöl animiert die Haut, sich zusammenzuziehen. Um diesen Effekt zu vermeiden und nicht selbst Druck auszuüben, kann man auch mit einem scharfen Messer eine feine Raute in die Haut der Brust schnitzen und sorgt somit für Entlastung bei der Wärmeeinwirkung. Die zart gegarten Keulchen aus dem Warmwasserbad holen, sie aus ihrem Klarsichtgefängnis befreien und in der Pfanne fein würzen mit frischen zarten Kräutern und Gewürzen.

Dazu gibt es festkochende Kartöffelchen an Rosmarin. Die gekochten Kartoffeln (gerne in Gemüsebrühe gegart) wärmen wir in der Pfanne neben den Geflügelteilchen.

Wer das Stubenküken oder Mistkratzerli so schön dekorieren möchte, wie wir das im Lokal machen, der kann dazu die Erbsencreme (Seite 29) verwenden. Jetzt fehlt nur noch der eingangs zubereitete dunkle Geflügelfond. Guten Appetit!

TIPP

Wer richtig Hunger hat, gibt am Schluss auch noch etwas Käse in die Soße.

TORTELLINI AN NUSS

- Prinzessin auf der Nuss -

ZUTATEN

400 g Hartweizengries
2 Eier
Salz
Olivenöl
4-mal 50 g Käse
Butter
40 g Macademianüsse
frischer Salbei und Basilikum
1 Stück Parmigiano Reggiano

Pasta ist immer eine gute Sache und bringt Lebensfreude. Doppelt griffiges Weizenmehl ist üblich, das ist von der Konsistenz grießähnlich. In Italien wird sogar der Mahlgrad 00 verwendet, was aber ernährungsphysiologisch diskussionswürdig ist. Die Konsistenz der mit diesem Mehl erstellten Teige ist fantastisch, aber die Inhaltsstoffe sind eher gering (Ballaststoffe, Mineralstoffe, Vitamine). Klassisch ist Hartweizengrieß, Figurbewusste können aber auch gerne zu Weizenvollkornmehl greifen.

Zubereitungszeit: 30 Minuten | Ruhezeit Teig: ca. 2 Stunden | ergibt 4 Portionen
Schwierigkeitsgrad: ★★★☆☆

STEP BY STEP

Der Teig besteht aus Hartweizen-grieß (Mehl), Eiern, einer Prise Salz – mehr nicht. Die Zutaten vermengen wir zu einer geschmei-digen Teigmasse, wobei uns etwas Olivenöl hilft, damit er nicht austrocknet, und gönnen dem Teig eine Ruhezeit von ca. 2 Stunden im Kühlschrank.
Eine Teigmaschine zum Auswalzen ist eine gute Investition.

Jetzt wird unterschiedlicher Käse (ganz nach Geschmack) zerklei-nert und landet nebst entgrateten Basilikumblättern und Kräutern als Füllung der Tortellini auf dem Pastateig, der vorher mit Eigelb benetzt wurde, damit auch die Teigtäschchen das halten, was sie versprechen. Zugeklappt, ausge-stochen und zusammengezwir-belt ergibt sich eine appetitliche Rundform.

Wir behandeln die Tortellini stan-desgemäß herablassend in sieden-dem Salzwasser und retten sie, so-bald sie den Weg an die Oberfläche finden. Ab damit in Sicherheit.

Das Kochwasser ist für uns Köche wie guter Perlwein, denn darin stecken so viel Liebe und die Aromen der Teiglinge, dass man damit noch Gutes vollbringen sollte. Darum wird das Kochwasser durch ein Sieb passiert, um es geschmeidig ohne Rückstände der Nudeln weiterzuverwenden.

Butter und Macadamianüsse in eine Pfanne geben und mit den geschnittenen Salbeiblättern anbraten. Zum Ablöschen einen Teil des Nudelwassers hinzugeben und die Tortellini darin Platz nehmen lassen. Darüber raspeln wir dann noch Parmigiano Reggiano mit mindestens 24 Monaten Reifezeit.

Dazu liebe ich einen schönen, aber nicht zu alten Barolo, und Italien ist plötzlich ganz nah!

RAVIOLI NEGRI

- Seafood im Pastadress -

ZUTATEN
400 g Hartweizengrieß
2 Eier
Salz
Olivenöl
3 g Sepiafarbe
8 Jakobsmuscheln
1 Pak Choi
Olivenöl
100 g Butter
1 Limone
Parmesan

Ach, diese Italiener mit ihren schrecklich leckeren Erfindungen! Wir wenden uns dem Dolce Vita zu und denken dabei gerne an diese wundervollen Filme der 50er, wo man noch auf den Straßen Roller fuhr und nur ab und zu mal ein Auto vorbeikam. Alle trugen Anzüge und man schämte sich nicht, wenn ein kleines Liebesröllchen vom übermäßigen Pastaverzehr zeugte. Also vergessen wir mal kurz die Kalorien und geben uns der Pasta hin! Hier zeige ich Ihnen mal eine sehr edle schwarze Variante der Ravioli.

Zubereitungszeit: 35 Minuten | Ruhezeit Teig: ca. 2 Stunden | ergibt 4 Portionen
Schwierigkeitsgrad: ★ ★ ★ ★ ☆

STEP BY STEP

- Ravioli Negri -

Wir bereiten den Pastateig zu wie im vorherigen Rezept. Für den interessanten Look verwenden wird die schwarze Tinte eines Tintenfisches, die man mittlerweile auch ohne Tier drum herum kaufen kann. Überflüssige Tinte frieren wir separat in Portionen ein.

Dann lassen wir den gekneteten Teig im Kühlschrank unter Folie entspannen, sodass er schön feucht bleibt, und rollen ihn nach etwa einer halben Stunde in Streifen aus. Auch hier hilft eine Bella Macchina da Pasta ungemein.

Wir öffnen die Jakobsmuscheln sorgsam und trennen ihren Muskel von der Oberseite ab. Wir befreien sie von ihrem Gedärm und lassen nur den Muskel an der Unterseite der Muschel verhaftet, den wir nach dem kurzen Blanchieren abtrennen. Achtung! Das Kochwasser brauchen wir noch!

Wir sorgen für längliche Teigzungen, auf denen wir den Muschelmuskel positionieren und das lange Ende des Teiges einfach darüberklappen. Dann stechen wir mit Metallringen die Ravioli aus. Sind sie vom überflüssigen Teig befreit, werden sie noch rundum zugekniffen. Zu diesem Zeitpunkt werden Sie dem Ei dankbar sein, denn der geschmeidige Teig lässt sich sicher verschließen, bevor es beim Kochprozess im Salzwasser ein Debakel gibt.

Kurz in der Pfanne Pak Choi anwellen im Butter-Olivenöl mit Limone. Dazu noch eine Jakobsmuschel oben und unten fein anziehen, bis sich Farbe zeigt.

Fein geraspelten Parmesan zu etwas heißem Kochwasser der Muscheln fügen und durch ein feines Sieb passieren. Dann mit kalter Butter zu einem sagenhaften Schaum rühren, den wir final an die Ravioli Negri geben. Ein fruchtiger junger Vino Tinto aus der spanischen Region Ribeira del Duero aus Tempranillo-Trauben passt da vortrefflich.

TIPP
Wild-Jus
aus dem Tiefkühlfach
spart viel Zeit.

REH AN WIRSING-APRIKOSE

- Krosses Wild -

ZUTATEN
100 ml Milch
Agar Agar
50 g Haselnüsse
Weizenvollkornbrot (Tramezzino)
1 kleine Hühnerbrust
2 cl Sherry
Sahne
Wildkräuter
400 g Rehrücken
Wirsingblätter
Butter
4 Aprikosen
8 kleine Kartoffeln
Pflanzenöl zum Frittieren

WILD-JUS
(VORHER ZUBEREITEN)
Abschnitte des Wildbrets
Gemüse
Tomatenmark
Rotwein

Wild hat ja oft die Aura des Rusti-
kalen. Nicht bei mir. Ich wähle als
Beilage feines Gemüse. Und nicht
nur das. Wir starten mit einer
köstlichen Haselnussmasse aus
Milch, Agar-Agar zum Eindicken
und ungeschälten Haselnüssen.
Das köcheln wir kurz ca. 5 Minuten, während die Schale der
Haselnüsse ihre Farbe an die Milch
abgeben und sie färbt, als wäre
es Vollmilchschokolade. Sieht
schon absolut lecker aus und ich
darf verraten: Es ist auch lecker.
Während dieser Zeit macht das
Agar-Agar, was es am besten kann.
Es dickt das Ganze ein, was wir
später in Stücke brechen, zerstoßen und zum Abkühlen wegstel-
len. Diese Masse wird später als
Deko zum Finale sorgsam um die
Kartöffelchen positioniert und der
Rest am Ende weggenascht.

Zubereitungszeit: 60 Minuten | ergibt 4 Portionen
Schwierigkeitsgrad: ★★★★☆

Nun schneiden wir feine Scheiben Tramezzini und bestreichen es mit einer Wildkräuterfarce. Diese besteht aus der Soße einer gebratenen Hühnerbrust, Sherry und Sahne und Wildkräutern. Wir streichen unser Brot großzügig damit ein.

Darauf positionieren wir den fein ausgelösten Rehrücken und drehen alles zu einem Bonbon, welches wir ganz unspektakulär in Klarsichtfolie und Alufolie in den Sous-vide-Garer bei ganz entspannten 52° C für ca. 35–40 Minuten einsperren, damit das Fleisch seinen Geschmack ganz entfalten kann.

Nun wenden wir uns dem Gemüse zu. Der Wirsingkohl ist einer meiner Lieblinge. Er wird nur kurz in etwas Butter in der Pfanne angezogen, damit er sich nicht völlig aufgibt und knackig bleibt. Aprikosenstücke werden tourniert in Form gebracht und mit den Kartöffelchen kurz im Salzwasserbad angezogen. Später baden sie blitzartig im Pflanzenöl und erhalten beim Frittieren ihre Saftigkeit.

Sobald die Scheiben der Kartöffel-chen unter Verwendung von Vollei mit der eingangs hergestellten Haselnussmasse eine Verbindung an ihrer Außenhaut eingehen und das Öl ihnen die krosse Note ver-leiht, ist es Zeit zum Anrichten. Nur noch schnell unsere ausgepackte Wildrolle in der Pfanne bräunen.

Sollten Sie sich wundern, was diese dunkelbraune Soße unter dem Reh ist: Das ist unser selbst gemachter Wild-Jus, den wir schon Tage vorher mit den Abschnitten des Wildbrets, Gemüse, Tomatenmark und Rot-wein langsam vor sich hin blubbern gelassen haben, bis am Ende diese sensationelle braune Soße übrig bleibt und irgendwie an Balsamico traditionale erinnert.

Dazu auf jeden Fall einen schönen Brunello di Montalcino aus Italien.

KALBSBRIES 2.0

- Mit Verstand und Möhre -

ZUTATEN

Butter
300 g Möhren
250 g Pilze
2 Kalbsbries
Gemüsebrühe
Fenchelsalat
Brickteig (dünner
   Weizenmehlteig)
Rote-Bete-Saft
Olivenöl
Curry Madras

Klar, Kalbsbries ist nicht jedermanns Sache, aber manche schwören darauf. Aber aus Respekt vor den Tieren wenden wir uns auch den Teilen zu, die nicht täglich auf der Speisekarte stehen. Und wenn Kalbsbries so edel zubereitet wird wie bei uns, dann findet er sicher neue Anhänger.

Zubereitungszeit: 60 Minuten | ergibt 4 Portionen
Schwierigkeitsgrad: ★ ★ ★ ☆ ☆

In einem Topf mit etwas Butter werden Möhrenstreifen und Pilze angezogen, während das Bries entspannt und völlig gedankenlos in seinem gesalzenen Gemüsesud mit Fenchelsaat vor sich hin dämmert.

Diese kurze Wellnesskur hilft, es von seiner Schutzhülle, der Epidermis, zu befreien und es vorzubereiten auf die schönen Dinge beim Kochen.

Dann zerschneiden wir Brickteig, eine hauchdünne Weizenmehl-Teigvariante, die einst aus Nordafrika nach Europa kam und im Nu den Kontinent eroberte. Sichelförmig ist heute das Motto. Und damit der dünne Kollege im Ofen nicht einen auf Donauwelle macht, beschweren wir ihn im Ofen mit Steingutschalen.

Nun verarbeiten wir normale Möhren und garen den anderen Teil in Rote-Bete-Saft. Diese „roten" Möhren dekorieren wir später neben den anderen Pilzen, die nicht den Weg in den Topf fanden, als pastöse Akzente des Gesamtkunstwerks.

Ist die Epidermis entfernt, wird der Kalbsbries mit Olivenöl benetzt und mit Curry Madras bepudert, um ihm Farbe und Tiefe zu verleihen. Diese Kombination wird in der Pfanne mit heißer Butter ein Festival der Aromen freisetzen.

Dekoration ist das halbe Leben und so huldigen wir dem Tier, das bestimmt noch in Gedanken bei uns ist. Ein Spritzer Sauce Béarnaise und ein aromatischer trockener Weißer aus Südtirol mit Noten von Dörrobst und Zitrus runden das Gericht wunderbar ab.

TIPP
Variationen beim
Gemüse sind
ausdrücklich erlaubt!

KALBSBÄCKCHEN

- Butterzarter Klassiker -

ZUTATEN
4 Kalbsbäckchen
1 Zucchini
2 Möhren
1 Aubergine
2 Paprika (gelb und rot)
Salz und Pfeffer
Olivenöl
50 g Babytomaten
8 kleine Topinambur
8 kleine spanische Paprika
   (Pimientos de Padrón)
Tomatenmark

Dieses Gericht ist ein Klassiker und braucht neben einem scharfen Messer etwas Zeit, um es richtig gut zu machen. Beim Metzger unseres Vertrauens besorgen wir uns dieses fettlose und doch fein strukturierte Muskelfleisch, das bei einem jungen Tier noch nicht so stark definiert ist wie bei einer alten Kuh. Faustregel für Ochsenwangen: Je älter das Tier, desto länger die Garzeit.

Zubereitungszeit: 90 Minuten | ergibt 4 Portionen
Schwierigkeitsgrad: ★ ★ ★ ☆ ☆

Daher geben wir die Wangen in einen Topf mit Wasser und garen sie kurz vor. Dann abgetropft und aufgrund ihrer natürlichen Form macht es Sinn, dieses wirklich gute Stück Fleisch in eine neue Form zu bringen, die uns auch auf dem Teller gefällt.

Dazu wickeln wir sie ein zu einer Rolle in Klarsichtfolie und finalisieren sie fest geschnürt unter Einwirkung von geringerer Hitze im Sous-vide-Verfahren im Ofen, um ihre innere Struktur zu bewahren, aber sie dennoch butterzart werden zu lassen, sodass man sie mit Messer und Gabel ohne Schneiden zerteilen kann.

Nun geht's ans Schnippeln. Wir schneiden feine Gemüse wie Zucchini, Möhren, Auberginen, Paprika zu feinem Ratatouille, das sich mit etwas Salz und Pfeffer in gutem Olivenöl zu einem schönen Charivari (klingendes Durcheinander) arrangiert, das auf dem Teller sensationell aussieht und durch seine knackige Frische nach kurzer Hitzeeinwirkung besticht, die alles erhält, von der Farbe bis zu den Vitaminen.

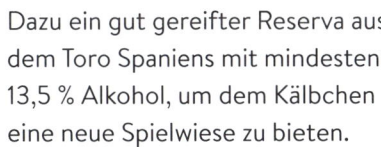

Wir lagern das Gemüse aus und schwitzen in der gleichen Pfanne die Topinambur an und arrangieren noch kleine spanische Paprika (Pimientos de Padrón) dazu, die auf dem Teller und im Gaumen Fiesta feiern, weil sie eher süßlich-herzhaft sind und weniger scharf. Dazu passt ein Kalbsjus, den wir schon auf Vorrat im Kühlschrank haben.

Dazu ein gut gereifter Reserva aus dem Toro Spaniens mit mindestens 13,5 % Alkohol, um dem Kälbchen eine neue Spielwiese zu bieten.

TIPP
Die Aprikosen schon vorher dörren, falls Sie nicht zwei Bratröhren haben.

TAFELSPITZ

- Bürgermeisterstück -

ZUTATEN

1 kg Tafelspitz (mit Fett)
Rosmarin
Thymian
Knoblauch
3 frische Aprikosen
Muskatnuss
Meersalz
Pfeffer
1 wilder Brokkoli
250 g Couscous
0,2 l Rote-Bete-Saft

Tafelspitz ist eine Bezeichnung für ein Gericht aus einem sehr muskulösen Stück vom glücklichen Rind, genauer gesagt aus dem Bereich oberhalb der Gelenkkugel der Keule. Es ist ein Stück des wichtigen Bindegewebes und ist daher zarter als andere Stücke des Rindes. Es hat wenig Fett, eine starke Struktur und wurde früher auch als »Bürgermeisterstück« bezeichnet, was dessen gehobenen Lebensstandard spiegelte. Zu dieser Zeit gab es höchstens sonntags und an Feiertagen ein Stück Fleisch und zeigt uns den Weg zurück zu den Grundfesten einer traditionell ausgewogenen Ernährung, die viele vergessen haben.

Sollte der glückliche Umstand dafür sorgen, dass sich noch die Fettlauflage des Stücks daran befindet, ist das geschmacklich besser als nur das nackte Muskelfleisch. Wenn Sie jetzt das Fett nervös macht, schneiden Sie es einfach vor dem Verzehr ab. Traditionell wurde es in früheren Zeiten stundenlang im Wasserbad gegart, bis es zu einer festen Masse transformierte, deren Substanz eher an eine Schuhsohle erinnerte. Auch wenn es butterzart mit etwas Meerrettich verzehrt wurde, so war doch alles Gute in der Suppe und nicht mehr im Fleisch. Darum mussten wir es einer gründlichen Überarbeitung unterziehen, um es respektvoll neu erlebbar zu machen.

Zubereitungszeit: 90 Minuten | ergibt 4 Portionen
Schwierigkeitsgrad: ★ ★ ★ ☆ ☆

STEP BY STEP

- Tafelspitz -

Wir braten das wunderbare Stück inklusive Fettrand scharf an und würzen es mit kräftigen Kräutern wie Rosmarin, Thymian und Knoblauch. Natürlich darf da der Knoblauch nicht im heißen Olivenöl Bitterstoffe ziehen und darum lassen wir ihn unausgepackt im Feldmantel, wobei trotzdem alle guten Inhalte freigesetzt werden. Ist das Fleisch gebräunt wie ein Urlauber auf Mallorca, umschmeicheln wir das Prachtstück mit grobem Meersalz und lassen es im Ofen bei entspannten 56° C weitergaren.

Dabei gilt die Faustregel: Für jedes Kilo 1 Stunde rechnen! Also halten Sie bitte vorher die Waage und dann die Zeit im Auge! Da das Fleisch beim Anbraten an Gewicht verliert, ist der Blick auf Ihren Einkaufsbon mit dem Rohgewicht hilfreich, bevor Sie jetzt in der Küche ein Chaos veranstalten, um es zu wiegen! Bei 56° C geht nicht viel kaputt, wenn Sie den perfekten Punkt um 1 oder 3 Minuten verpassen. Nur eben nicht noch das Auto waschen fahren, wenn es bereits länger im Ofen vor sich hin dämmert!

Als Beilagen verwenden wir frische Aprikosen, die wir entkernen und einem Dörrprozess im Ofen aussetzen. Da macht es Sinn, diese extern des Fleisches bei Temperaturen um die 150° C zu dörren, denn bei 56° C wären Sie später auch nach Stunden nicht fertig. Sind Sie dann weich und zart zugleich und haben ihre schöne Farbe behalten, holen wir sie aus dem Ofen. Ein Teil ist für die Deko als Schnitze, den anderen Teil verarbeiten wir zu Püree mit etwas Muskat, Meersalz und Pfeffer, um es später mit einer Squeezerflasche ebenfalls als Deko auf den Teller zu spritzen.

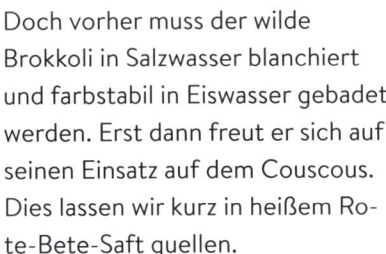

Doch vorher muss der wilde Brokkoli in Salzwasser blanchiert und farbstabil in Eiswasser gebadet werden. Erst dann freut er sich auf seinen Einsatz auf dem Couscous. Dies lassen wir kurz in heißem Rote-Bete-Saft quellen.

Ist es vollbracht, kommt das gute Fleisch aus dem Ofen und wird aufgeschnitten, auf dem warmen Teller positioniert und es werden die farbenprächtigen Beilagen drum herum definiert. Dazu empfehlen wir einen spritzigen Rosé aus der Provence und schließen den Kreis zu den verwendeten Kräutern und dem Knoblauch.

TIPP
Das Rezept klappt natürlich auch mit klassischen grünen Bohnen.

LAMMHAXE DE LUXE

- Bodenständiger Genuss -

ZUTATEN

2 kleine Lammhaxen
½ Knolle Sellerie
2 Karotten
2 Zwiebeln
1 Knolle Koblauch
½ Knolle Fenchel
Rosmarin
Rotwein
Tomatenmark
200 g Bohnen
 (südamerikanische Minibohnen)
Pfeffer
200 g Kartoffeln
100 ml Milch
100 ml Sahne
Muskatnuss
Meersalz

Haxen haben ja immer etwas Martialisches und dieses Image wollen wir mit diesem Rezept etwas aufbessern. Dazu suchen wir uns wieder bei unserem Metzger eine schöne Lammkeule vom Weidelamm, dessen Herkunft diesmal vorzugsweise entweder die Provence, Irland oder Neuseeland ist. Dann sind nämlich die guten Aromen der wundervollen Wiesenkräuter im Fleisch und nicht nur in der Werbung. Mitteleuropäische Wiesen können diesen Dienst leider oft nicht bieten und generieren oftmals einen leberartigen Geschmack, basierend auf der Gras-Monokultur der Weideflächen. Außer Sie haben einen Top-Bio-Metzger, der Ihnen exakte Auskunft über die Weidequalität seiner heimischen Tiere geben kann.

Zubereitungszeit: 120 Minuten | ergibt 2 Portionen
Schwierigkeitsgrad: ★ ★ ★ ☆ ☆

Wir betten die Lammhaxe auf Gemüse wie Sellerie, Karotten, Zwiebeln, Knoblauch, Fenchel, Rosmarin und Tomatenmark, die wir gemeinsam mit dem Lamm scharf anbraten und mit einem kräftigen Rotwein übergießen. 90 Minuten garen, bis sie weich ist. Dann entnehmen wir die Haxe, bringen sie in Sicherheit und passieren diesen großartigen Gemüsesud, in dem die Haxe badete, durch ein feines Sieb.

Diese Soße wird dann nur noch kurz auf dem Ofen reduziert und hat alles in sich, was so einen echten Genießer richtig glücklich macht.

Dann südamerikanische Miniböhnchen mit Tomatenmark in einer Pfanne ansetzen und köcheln lassen. Pfeffer und Salz am Ende der Vorstellung zugeben. Zuweilen etwas von der Soße dazu, wenn es zu trocken ist!

Kartoffelgratin generieren wir klassisch durch das Schneiden von rohen Kartoffeln in Scheiben und fluten sie in einem Topf mit Milch und Sahne. Etwas Muskat, Rosmarin und Meersalz sind geschmacklich gewinnbringend! Das füllen wir dann Scheibe für Scheibe in eine kleine Pfannenform die wir bei 180° C für 20 Minuten in den Ofen stellen und die Sahne ihren Job machen lassen. Sie dringt nämlich zwischen die Kartoffelscheiben und gart selbige, indem sie die Aromen darin freisetzt.

Die Haxe auf dem Teller positionieren, Böhnchen dazu und die sensationelle Soße hinzugegeben. Den Gratin samt Pfännchen auf dem Teller dekorieren. Sieht klasse aus und hat etwas Handwerkliches. Nebeneffekt: Der Gratin bleibt warm.

Hierzu einen entspannten roten Portugiesen aus der Region Trés-os-Montes e Alto Douro, dem portugiesischen Teil des Duero-Tals, in dem sich der Fluss Río Duero vom Rioja im Osten Richtung Westen durch die wohl schönste Region Spaniens über Portugal in den Atlantik ergießt. Dort werden herausragende Weine produziert.

TIPP
Reichen Sie
eine selbst gemachte
Mayonnaise dazu!

JEAN PIERRE – POMMES DE TERRE!

- Der Lockruf der Bratkartoffel -

ZUTATEN
1 kg kleine festkochende Kartoffeln
1 Bund Rosmarin
Olivenöl
frische Salbeiblätter
frischer Kurkuma
Meersalz
Knoblauch

MAYONNAISE
2 Eigelb
1 TL mittelscharfer Senf
¼ l Olivenöl oder Sonnenblumenöl
1 EL Zitronensaft
   oder Condimento Balsamico

Ich fand die Überschrift mit »Pommes de Terre« so toll, denn sie entspricht im Grunde eher der Bezeichnung dieses Gerichts als das Wort »Bratkartoffeln«, das unweigerlich in mir eine Assoziation an gebratenen Speck und Männer um Mitternacht in ärmellosen Feinripp-Unterhemden hervorruft. Nichts gegen Feinripp, um Gottes willen, aber diese Feldfrucht ist so unfassbar gut und sollte im Grunde mehr Würdigung als das zentrale Genussmittel erhalten, dem alles andere anzuordnen ist. Ich sage bewusst nicht »unter-«, sondern »an-«! Kartoffeln oder Pommes de Terre (Äpfel der Erde), wie die Franzosen sie betiteln, sind nicht nur extrem gesund, sondern können mehr als nur lecker.

Zubereitungszeit: 30 Minuten | ergibt 4 Portionen
Schwierigkeitsgrad: ★ ☆ ☆ ☆ ☆

Darum spielen Kartoffeln in diesem Bambi-verdächtigen, aber sehr einfachen Gericht die zentrale Hauptrolle. Im sortierten Gemüsehandel sind mittlerweile zahllose Sorten zu finden. Ist der Frühling bereits dem Sommer gewichen und die neue Ernte deutscher Regionen schon vorbei, finden sich in Frankreich in der südfranzösischen Region um Nîmes Kartoffelwirte, die ihren Beruf täglich mit einem guten Wein begießen und die wohl köstlichsten Kartoffeln jenseits von Bamberg und seinen Hörnla produzieren. Sind sie erst einmal gewaschen, sehen sie im Grunde aus wie hiesige ihrer Art, doch kommen sie vom Feld, klebt an ihnen Rotes der Region und zeugt von der Erdverbundenheit, in der sie einst reiften. Vorzugsweise nehme ich gerne dazu festkochende Sorten. Hier nun bereits stubenrein und die Augen entfernt (kleine schwarze Flecke), werden sie arrangiert an Rosmarin, Salbei, Kurkuma und Meersalz in gutem Olivenöl.

Wir kochen die Kartoffeln in Salzwasser und Rosmarin (nicht zu lange, nicht bis zum Platzen!). Dann bitte abgießen und abkühlen lassen. Pellen und nicht alles wegnaschen! Eine Pfanne mit gutem Olivenöl benetzen und sobald das Öl auf Temperatur ist, darin frischen Salbei ausbacken. Ob die Temperatur passt, können Sie testen, wenn Sie einen kleinen Stängel des Salbeis hineinhalten – sobald er Blasen schlägt, geht's los.

Diese Blätter dann tatsächlich schön brutzeln lassen. Die Blasenbildung an den Blattenden zeigt die Aktivität und sollte beendet werden, sobald sich das Blatt aufbäumt. Raus damit auf ein Brett oder ein Küchenkrepp.
Nun Knoblauch im Feldmantel (unausgepackt, damit er nicht bitter wird in der heißen Phase), den Rosmarinstrauß hinzu und bitte dabei stehen bleiben, bis sie Farbe gezogen haben.

Sobald sich eine leichte Bräune abbildet, frischen Kurkuma darüberreiben und nochmals gut im Olivenöl schwenken, salzen, in eine farbenfrohe Schale geben, Salbei hinzudekorieren und losgenießen. Sie werden sich wundern, wie göttlich das riecht, und man wähnt sich sofort in der Provence.

Schaffen Sie es noch, eine eigene Mayonnaise zu generieren, sind Sie der Held im Lavendelfeld. Haben wir jetzt hier nicht gezeigt, geht aber kinderleicht, Sie müssen nur das Öl und den Säureträger langsam hineinlaufen lassen, das ist schon fast alles!

Los geht's: Zunächst die Eigelbe mit dem Senf gemeinsam in einer Schüssel aufschlagen, dann langsam das Öl hinzugeben, bis sich die Masse verbindet, und am Ende die Zitrone hinzugeben. Bei Dijonsenf benötigt man nahezu keine Zugabe von Salz oder Pfeffer und kann zuweilen auch auf die wundervollen Geschmacksrichtungen, ob mit Waldfruchtsenf oder Feigen, zurückgreifen, wenn einem der Klassiker zu langweilig ist. Da lasse ich Ihrer Kreativität freie Hand.

UNTER WASSER –
FISCHGERICHTE

MOULES D'ANTHONY

- Muscheln mit Gemüse -

ZUTATEN

3 Topinambur
2 Petersilienwurzeln
1 Bund Frühlingszwiebeln
2 Urmöhren
2 größere Tomaten
2 Schalotten
4 Shiitakepilze
2 Kräuterseitlinge
1 mittlerer Pak Choi
1 kg frische Venusmuscheln
Meersalz
Pfeffer
Weißwein

Eines meiner Lieblingsgerichte sind Muscheln. Es gibt so viele wunderbare Sorten, dass man sich kaum entscheiden kann. Natürlich geht auch die »normale Miesmuschel«, obwohl sie ja nie wirklich mies ist und an Pommes oder gebuttertem Schwarzbrot auch eine Variante des Glücks an kalten Tagen bietet.

Zubereitungszeit: 60 Minuten | ergibt 4 Portionen
Schwierigkeitsgrad: ★★☆☆☆

STEP BY STEP

- Moules d'Anthony -

Wir bereiten Wurzelgemüse vor wie Topinambur, Petersilienwurzel, Frühlingszwiebeln, Urmöhren, Tomatenherzen ohne Haut, Zwiebelchen, Pilze, Pak Choi.

Wir benötigen einen tiefen Topf, damit nach den Muscheln später das Gemüse noch Platz findet. Würzen Sie die Muscheln mit Meersalz und Pfeffer aus der Mühle und löschen Sie sie dann mit einem knackigen Weißwein ab, den ich später auch zur Weinbegleitung empfehle.
Zum Schluss geben Sie das Gemüse in den Topf.

In der Garzeit von 20 Minuten öffnen sich die Muscheln und geben alles, was in ihnen steckt. Sie verbinden sich mit dem Gemüse.

Das alles passiert am besten, wenn man diese Angelegenheit deckelt und sie im Verborgenen ablaufen lässt. Der tanzende Deckel auf dem Topf zeugt in wenigen Minuten von der Vollstreckung.

Wenn sich Muscheln beim Garprozess nicht von selber öffnen, haben sie keine Lust, genüsslich verspeist zu werden. Sie sollten ihnen diesen letzten Wunsch gewähren und nicht versuchen, sie gewaltsam zu öffnen und zu verspeisen. Glauben Sie mir, diese Idee wäre nicht gut, Sie werden an mich denken, wenn Sie es doch tun!

Die köstlichen Muscheln auf dem Teller mit feiner Deko umgeben und mit dem flüssigen Sud der Muscheln beträufeln. Weißwein ins Glas und los geht's!

PETERSFISCH ALIAS ST. PIERRE AN SPARGEL

- Leicht und kross -

ZUTATEN
1 Petersfisch
Olivenöl
Meersalz und Pfeffer
Zitronenblätter
Muskatnuss
½ kg Kartoffeln
1 Schalotte
250 g weißer Spargel
1 Knolle frischer Knoblauch
weißer Balsamicoessig
Butter
1 Bund Rosmarin

Egal, welchen Künstlernamen er in Anspruch nimmt, der St. Pierre ist ein robuster Vertreter der Tiefseekollegen. Er lebt nicht vegan und sieht ziemlich böse aus. Wir finden diesen Raubfisch vom Nordmeer über den südlichen Polarkreis bis zum Pazifik.

Zubereitungszeit: 60 Minuten | ergibt 2 Portionen
Schwierigkeitsgrad: ★★★★☆

STEP BY STEP

-Petersfisch alias St. Pierre
an Spargel-

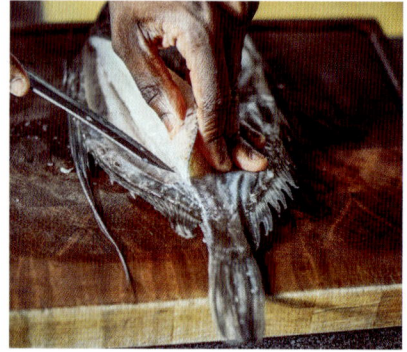

Auch wenn er flach ist wie eine Flunder, aber dafür aufrecht schwimmt wie ein Skalar im Aquarium, befinden sich in ihm wundervolle Filets, die wir gekonnt entnehmen.

Nun die wertvolle Karkasse des St. Pierre in Salzwasser mit Olivenöl, Pfeffer, Zitronenblättern und Muskatabrieb zu einem Fond köcheln, den wir gleich noch benötigen.

Der St. Pierre ist ein robuster Vertreter und braucht in der Begleitung robuste Zutaten als Gegengewicht. Ich wähle Kartoffeln, Schalotte und Knoblauch, die ich gemeinsam mit etwas Meersalz weich koche und alles durch ein Sieb passiere.

Haben wir das große Glück, dass gerade Spargelsaison ist, beginnen wir eine Art Haarspalterei und zerlegen dieses wundervolle Gemüse mit einem Sparschäler in Streifen und Stücke, um aus ihm seine Aromen herauszukitzeln, indem wir ihn roh in weißem Balsamicoessig marinieren.

Einzelne Spargelstangen in Olivenöl anbraten und entnehmen. Dann
in derselben Pfanne den Fisch
anbraten.
Achtung! Den Kartoffelbrei nicht
vergessen und kurz mit dem Fond
unserer Karkasse aufleben lassen
und glatt rühren. Bis zum Finale
warm stellen und bitte nicht trocken werden lassen!
Doch schnell zurück zum St. Pierre,
der als Filet mit Vorsicht zu behandeln ist. Er sollte geschmeidig
bleiben und nicht zu heiß angebraten werden. Zum Schluss noch den
Rosmarinzweig dazugeben.

»Budda an die Fische, mijn Jong«,
sagte man mir früher, und so ist
ein Stich Butter das wohl Reellste,
was man so einem Fischfilet antun
darf. Sie hebt den Geschmack
und verschafft Tiefe. Dazu wird
der eingangs erwähnte Fischfond
gereicht.

Jetzt geht's ans Anrichten und wie
einer meiner Lehrherren sagte:
»Haus raus, das Ding« – »Aye,
Chef!« Dazu empfehle ich ein
wundervolles Füchschen Alt aus
Düsseldorf, das dazu perfekt passt.
Übrigens verfeinert eine kleine
Dosis Altbier auch den Fischfond.

BONITO AN ERDBEERE

- Fruchtige Versuchung -

ZUTATEN

300 g Bonito
1 TL Senf
Sojasoße
Koriander
2 TL Tomatenmark
Eine Prise Salz
125 g Erdbeeren
Pfeffer
2 EL Zucker
Sesamöl
Teriyaki-Soße
geröstete Sesamkerne
Chiasamen

Beim Bonito könnte man sagen, dass es nicht ganz gereicht hat von der Makrele zum Thunfisch, aber das Leben ist eben kein Wunschkonzert. Der Bonito treibt sich normalerweise in warmen Gewässern umher und ist als räuberischer Zeitgenosse, der in Schwärmen auftritt, in der Unterwasserwelt einschlägig bekannt. Dennoch findet er auch den Weg in die Nordsee, wo man ihn nicht selten fangen kann, was belegt, dass unsere Meere stets wärmer werden. Wer daraus einen positiven Effekt ableiten möchte, ist leider auf dem Holzweg.

Zubereitungszeit: 45 Minuten | ergibt 2 Portionen
Schwierigkeitsgrad: ★★★☆☆

STEP BY STEP

- Bonito an Erdbeere -

So würde ein ganzer Bonito ausse-hen. Wir kaufen aber bei unserem Fischhändler nur 300 Gramm Filet in Sushi-Qualität.

Einen Teil des Filets (80 Gramm) zerlegen wir in winzige Würfelchen, um diese mit unseren Zutaten zu vermischen: Senf, Sojasoße, Kori-ander, Tomatenmark, Salz. Hinein ins Vergnügen und zart in einer Schüssel vermengen. Sie werden sich wundern, wie harmonisch eine Verschmelzung der Aromen funktioniert!

Für den Jus vermischen wir Erd-beeren mit etwas Pfeffer aus der Mühle und mit Zucker oder Aga-vendicksaft backen sie bei ent-spannten 56 °C ca. 25 Minuten, wobei feine Extrakte entstehen, mit denen wir beim Dekorieren schöne Akzente setzen. Warm halten!

Nun den Bonito rundherum in Sesamöl anziehen, mit etwas Teriyaki-Soße und mit Sesam und Chiasamen veredeln. Mit scharfem Küchengerät aufschneiden und raus damit, bitte! Es ist schon ein großes Ding, so etwas Delikates essen zu dürfen.

Hierzu empfehle ich eigentlich nichts Alkoholisches, sondern einen zarten Grüntee. Der lässt den Aromen freie Entfaltung und rundet dieses vorzügliche Gericht ab.

TIPP
Den restlichen
Edelfisch-Fond
einfach einfrieren.

JUWELEN-ZACKENBARSCH ODER ERDBEERFISCH

- Kleiner Fisch ganz groß -

ZUTATEN

2 Erdbeerfische
4 Minikürbisse
4 Minimais
2 Babyzucchini
50 g Shiitakepilze
Olivenöl
50 g Butter
Pfeffer und Fleur de Sel

Er ist eigentlich schon fast zu schön, um ihn zu essen, aber er ist leider wirklich köstlich. So nähern wir uns respektvoll diesen kleineren Vertretern aus der Familie der Sägebarsche, die während ihrer Lebenszeit ihr Geschlecht wechseln. Ob wir nun Ladys zerlegen oder ein paar nette Jungs am Start haben, entzieht sich meiner Kenntnis, aber Gräten haben die Kollegen alle bis zum Umfallen! Diese sollten wir nach dem Entnehmen der Filets mit einer Grätenzange sorgsam entfernen. Die Karkassen bitte wieder aufheben und zum Fond verarbeiten, um das Letzte aus ihnen herauszuholen. Darin garen wir ganz kurz unsere feinen Gemüsebeilagen, bevor wie sie in der Pfanne mit den Filets finalisieren.

Zubereitungszeit: 90 Minuten | ergibt 4 Portionen
Schwierigkeitsgrad: ★★★☆☆

STEP BY STEP

- Juwelen-Zackenbarsch
oder Erdbeerfisch -

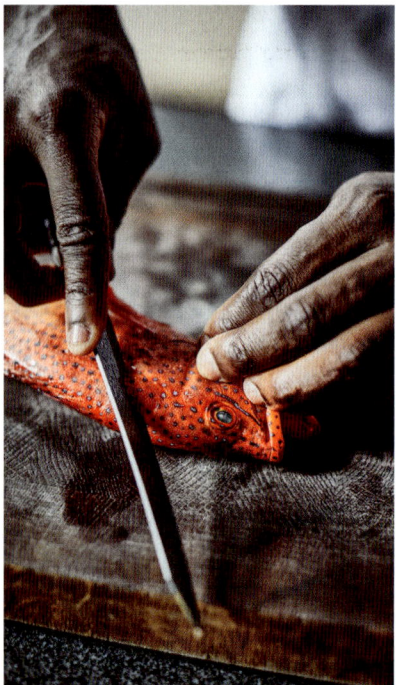

Die rohen Zutaten werden mit einer Rauchpistole unter einer Glasglocke aromatisiert. Falls Sie keine Rauchpistole haben – das Gericht schmeckt auch ohne Rauchnote sehr gut!

Sorgsam den zierlichen Edelfisch filetieren.

Minikürbis und Minimais paaren sich mit Zucchini und Shiitakepilzen erst in der Anbratphase, damit sie sich nicht mit Flüssigkeit vollsaugen, bevor sie finalisiert werden. Schauen Sie einfach, was dazu noch so passt, und wählen Sie mit Bedacht, damit nicht die feinen Texturen dieses Edelfisches überlagert werden.

Wir braten zart mit einem Oliven-öl-Butter-Gemisch und sorgen für eine wohltemperierte Zubereitung mit leichten Röstbitterstoffen, die unseren Zutaten eine feine Note verleihen. Leicht abschmecken mit Fleur de Sel und kenianischem Pfeffer aus der Mühle.

Angerichtet auf einem Teller, aromatisiert durch ein Rauchgerät, mutiert dieses schnelle Gericht unter einer Glasglocke zum Highlight, sobald Sie das Geheimnis lüften.

Dazu passt ein eiskalter österreichischer Schilcher mit seinen Aromen und den Fruchtnoten der Steiermark! Die Spezialisten zaubern in der Pfanne mit dem Butter-Öl-Gemisch nebst kalter Butter noch schnell einen Butter-Wein-Schaum und veredeln damit ihre Filets. Sieht sehr gut aus und schmeckt auch so.

TIPP
Dazu passt
ein spritziger Riesling
von der Mosel.

SAIBLING IN RED

- Kalt gebeiztes Vergnügen -

ZUTATEN
1 mittelgroßer Saibling
2 Knollen Rote Bete
100 ml Rote-Bete-Saft
Radieschen
Salz und Pfeffer
Rohrzucker
Wacholder
Olivenöl
Agar-Agar

Nein, ich denke nicht an Chris de Burgh und seine Edelschnulze, ich denke an das feste rötliche Fleisch eines Saiblings, das wir in diesem Rezept farblich und geschmacklich auf eine neue Ebene heben werden. Das Beste am Saibling ist sein unwiderstehlicher Geschmack nach den Alpen, den von klaren Bergbächen durchzogenen Schluchten und den nach Nadelholz duftenden Höhenzügen. Hier bei uns in der Rheinischen Tiefebene ist der Saibling wahrlich kein alltäglicher Zeitgenosse. Und ich will ihn heute auch noch in völlig neuem Gewand präsentieren. Rot steht ihm, oder?

Zubereitungszeit: 90 Minuten | Beizzeit: 12 Stunden | ergibt 4 Portionen
Schwierigkeitsgrad: ★★★★★

Die Vorbereitungen für dieses Rezept beginnen am Vortag, denn wir werden den Fisch beizen, und dieser Prozess braucht nun mal seine Zeit. Die Rote Bete blanchieren und abkühlen lassen. Bitte den Sud nicht entsorgen! Es macht natürlich Sinn, hier mit Handschuhen zu arbeiten. Die geschälten Rote Bete in breitere Scheiben schneiden, die in den Mixer zur späteren Beize kommen. Bitte auch einige hauchdünne Scheiben mit einem Schälmesser abhobeln, die wir später für die Deko auf dem Teller brauchen.

Für den Saibling gilt nun: Kopf ab und bitte auch diesen aufheben! Legen sie ihn schon mal in den roten Sud der unlängst blanchierten Roten Bete und erhöhen Sie leicht deren Temperatur zur Kochgrenze. Nun trennen wir sanft die Haut vom Fleisch. Und wie so oft: Die Haut brauchen wir noch. Hier empfehle ich, ein langes wie extrem scharfes Messer in einem flachen Winkel vom fixierten Schwanz nach vorne hindurchzuziehen, wo einst der Kopf saß. Hat man es einmal gemacht, entsteht sehr schnell eine gewisse Sicherheit.

Die gesäuberte Haut legen wir bei ca. 65° C auf ein Blech in den Ofen, wo sie langsam vor sich hin trocknet. Später wird die Haut in Pflanzen- öl knusprig gebraten. Bitte auf Küchenkrepp abtropfen lassen. Eigentlich ein Wahnsinn für diesen kleinen Effekt am Tellerrand. Aber das musste mal gezeigt werden und ab heute wissen Sie und Ihre Gäste: Das hat Arbeit gemacht!

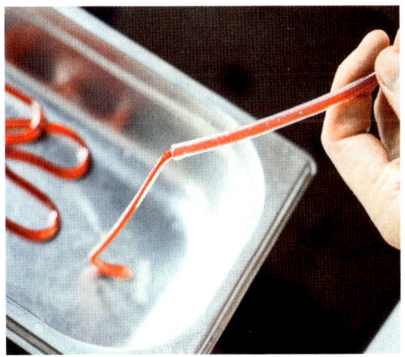

Von übersehenen Gräten befreit, erwartet die Filets eine köstliche Beize. Das Prinzip heißt »Kaltgaren« und funktioniert wie beim Graved Lachs. Salz, Pfeffer, Rohrzucker, Wacholder, Olivenöl werden mit den Rote-Bete-Stücken in einem Standmixer zu einer feinen homogenen Paste verarbeitet.

Auf Folie ausgebracht, dient diese Beize als vorübergehende Ruhestätte für die feinen Tranchen des Saiblings. Alles, was in der Beize steckt, wird über 12 Stunden in den Saibling transferiert. Dann packen wir ihn wieder aus und entfernen vorsichtig die Beize unter fließendem Wasser.

Und nun zur Deko: Sie erinnern sich bestimmt an die eingangs blanchierte Rote Bete, das rote Wasser und den noch immer darin vor sich hin köchelnden Kopf unseres Saiblings. Weg vom Feuer damit und fein durchgesiebt in einen neuen Topf, in dem wir nun das rote nach Fisch duftende Gemisch mit etwas Agar-Agar (eine Algenart, die zur Eindickung dient, wie Gelatine, nur eben vegan) zu einer festeren Masse verdicken. Diese eignet sich hervorragend zum Verzieren. In unserer Restaurantküche drücken wir die Masse durch einen Schlauch mit einer Natriumalginat-Lösung, sodass wir rote Deko-Spaghetti bekommen.

Die eingangs entfernte Mittelgräte wurde bereits kurz nach ihrer Entfernung aus den Filets abgekocht und wohnte der Haut während der Trocknung im Ofen bei. Wer mag, onduliert die Fischgräten noch mit einer Küchenschere. Eine wirklich ungewöhnliche Deko! Am Schluss noch die knusprige schillernde Haut als Zierde dazu, ebenso hauchdünne Radieschenscheiben, und fertig ist unser Kunstwerk. Begleitempfehlung: ein schön ausgeglichener säurearmer Rosé aus dem Süden Frankreichs.

TIPP
Bevor Sie starten:
Stanzringe kaufen!

STEINBUTT MIT SELLERIESCHUPPEN

- Flacher Fisch in neuem Kleid -

ZUTATEN

1 Knolle Sellerie
1 Steinbutt
Butter
1 wilder Brokkoli
Olivenöl
1 Bund Frühlingszwiebeln
250 g Kartoffeln
1 Knolle frischer Knoblauch

Ein guter Fisch braucht nur wenige Zutaten. Dieser platte Freischwimmer mit unbegrenztem Ausgang und der Lizenz zum Töten ist seit Millionen von Jahren als Räuber in Seetiefen um die 70 Meter unterwegs. Er liebt kleine Fische und macht auch vor Krebsen nicht halt. Sein Fleisch ist weiß und hat eine wunderbar feste Konsistenz, eben weil er das große Glück hat, jenseits von Zuchtfarmen zu leben, bis er einem Fischer an die Angel gerät oder einem betrügerischen Netz aufsitzt. Es sieht ein bisschen, nun ja, zweidimensional aus, hat aber all das, was Sie auch an einem 3-D-Fisch finden, aber eben alles nur etwas flacher, was am Ende auch die Höhe seiner Filets definiert.

Zubereitungszeit: 60 Minuten | ergibt 4 Portionen
Schwierigkeitsgrad: ★★★★☆

- Steinbutt mit Sellerieschuppen-

Bevor wir mit der Zubereitung des Fisches beginnen, wird geschnitten und gestanzt, was das Zeug hält. Schneiden Sie Sellerie in gleichmäßige dünne Scheiben. Mit Stanzringen, die es in verschiedenen Größen gibt, erhalten Sie Sellerie-Pailletten, die unseren Filets zu einem ganz neuen Schuppenkleid verhelfen. Die Pailletten in Zitronenwasser einlegen, damit sie schön weiß bleiben.

Zu beachten ist, dass die Sellerieschuppen dünn sein müssen, damit später beim Bratprozess nicht zu viel Hitze in den schönen Butt einwirkt.

Den Fisch filetieren und die Filets kurz in Salzlake einlegen und dann mit Butter bestreichen und mit den Schuppen belegen. Dann eine kurze Ruhephase im Kühlen, damit die leckeren Schuppen auch da bleiben, wo sie sind, und nicht in der Pfanne herunterpurzeln.

Zwischenzeitlich blanchieren Sie den wilden Brokkoli in Salzwasser und, bevor er schlapp macht, hinaus zum Abschrecken ins kalte Wasser. Abtropfen und warm halten! Etwas Olivenöl lässt den Brokkoli lebendig blinken.

Frühlingszwiebeln und Scheiben von gekochten Kartoffeln in einer Pfanne mit Olivenöl-Butter-Mix etwas Farbe verleihen und geschälten Knoblauch hinzugeben, bevor ihnen der Butt Gesellschaft leistet. Dazu auf jeden Fall mit der neu beschuppten Seite beginnen.

Nachdem der Sellerie Farbe bekommen hat, ist auch die Wärmeeinwirkung auf den Fisch dahinter groß genug, um ihn vorsichtig zu wenden und ihm noch einige Sekunden von der anderen Seite zu gönnen. Doch bitte nur kurz! Zuweilen mit Butter-Öl aus der Pfanne beträufeln. Dann bleibt er saftig und braucht keinen Firlefanz, um großartig Eindruck zu schinden, sobald Sie ihn mit den schlichten Zutaten dekoriert dem Gast aussetzen.

Ein feiner kalter weißer Chardonnay aus dem südlichen Bordeaux rundet alles göttlich ab. Fisch ahoi!

TIPP
Für dieses Meisterstück
brauchen Sie ein sehr
scharfes Messer!

TINTENFISCH KARIERT

- Messerscharfe Sache! -

ZUTATEN

1 Knolle frischer Knoblauch

200 g Galgant

Salz

Agavensirup

Butter

Mehl

3 g Sepiafarbe

4 Schalotten

Paprikapulver

1 Dose Tomatenmark

1 große Tomate (Ochsenherz)

Agar-Agar

2 komplette Tintenfische
   (mit Farbsack)

1 Zitronenblatt

Olivenöl

Limone

Kaum ein Tier des Meeres ist so intelligent wie ein Tintenfisch, und dennoch schaffen wir es, ihn zu fangen. Neben seiner Intelligenz lässt er unser Genießerherz höherschlagen, und zugleich gibt es kaum ein Tier, das stärker polarisiert als er. Viele kennen ihn nur in der unerotischen Tiefkühlvariante als Ringe im Backteig, die gummiartig ohne Aussicht auf kulinarischen Erfolg bei ihrer Terminierung ungeliebt sind. Dem haben wir ein grandioses Ende gesetzt und rehabilieren diesen netten Kollegen zu einem unvergleichlich wundervollen Gericht für Fortgeschrittene. Sie müssen nicht unbedingt Laserchirurg oder Goldschmied sein, aber es könnte helfen.

Zubereitungszeit: 120 Minuten | ergibt 4 Portionen

Schwierigkeitsgrad: ★★★★★

STEP BY STEP

- Tintenfisch kariert-

Zunächst beginnt immer alles mit heißem Wasser, in dem wir Knoblauch mit Galgant paaren und leicht gesalzen mit einem Spritzer Agavensirup auf eine großartige Basis hoffen dürfen. Galgant ist eine zarte Schwester aus der Familie der Ingwergewächse. Dann seien wir die Zutaten ab und erhalten einen fantastischen Fond. Diesen bitte passieren, um die Schwebstoffe zu entfernen. Achtung, diesen Fond brauchen wir ...

1. als Basis mit Agar-Agar als Bindemittel zum Gelieren der Deko in einer Squeezerflasche,

2. als gelierten Fond gestockt in einer flachen Schüssel, um mit Ausstechern schöne Formen zu erzeugen, die wir später auf dem Teller zur finalen Deko verwenden.

Dann ziehen wir in einer Pfanne etwas Butter an und geben Mehl dazu, ähnlich wie bei einer klassischen Mehlschwitze. Nun die schwarze Farbe des Tintenfisches aus dem Farbsack des Calamars hinzugeben. Ich empfehle, beim Ausnehmen des Tintenfisches Gummihandschuhe zu tragen!

Alles gut mixen und feinst pürieren und im Ofen bei ca. 65° C der leichten Trocknung aussetzen. Sobald sich die im Ofen getrocknete Masse leicht vom Blech abhebt, ist der Zeitpunkt gekommen, sie aus dem Ofen zu befreien und die Masse zu zerbröseln.

In einer zweiten Pfanne braten wir Zwiebeln und Knoblauch mit Butter an. Dazu kommt etwas geräuchertes Paprikapulver aus Spanien.

Tipp für den Einkauf:
Achten Sie auf die Anzahl der Paprika auf der Dose! Eine Paprika ist süß bis mittelscharf! Drei Paprika können mehr!

Nun Tomatenmark, frische Tomaten und ein Zitronenblatt hinzufügen. Die restliche Menge der schwarzen Masse fügen wir zu unserer Tomatenmasse hinzu und vermischen dieses zu einer dunklen Masse mit unfassbarem Duft.

Der Tintenfisch besteht aus dem Kopf mit seinen Armen und dem Körper. Bei größeren Modellen dieser Spezies ist es ratsam, den Schnabel aus dem Kopf zu entfernen, der wie beim Papagei aus oberem und unterem Schnabel besteht. Daher macht eine säuberliche Zerlegung Sinn. Der Körper des Tintentisches ist einer Tube gleich, die im Inneren mit Stäbchen aus Horn stabilisiert wird. Diese Stäbchen entfernen wir. Im Inneren der Tube finden sich dann besagter Farbsack mit seinen üblichen Nebenorganen.

STEP BY STEP

- Tintenfisch kariert -

Nun schneiden wir diese Tube auf und entfalten sie wie eine Picknickdecke. Sie hätte jetzt noch die Eigenschaft, sich zusammenzuziehen, sobald sie mit heißem Wasser in Berührung kommt. Um dem entgegenzuwirken, enthäuten wir ihn und beginnen die Haut leicht quer einzuschneiden.

Danach beginnen wir, ihn zu drehen, und erzeugen mit feinen Gegenschnitten ein Rautenmuster. Sobald diese Grundmusterung vollzogen ist und er noch in einem Stück ist, beginnen wir mit dem Einschneiden. Dabei ist es wichtig, das Messer vorher maximal zu schärfen, um nun einen sauberen Schnitt zu erzeugen, der an eine Schuppenlandschaft erinnert. Mit der schräg angesetzten Klinge nur halb einschneiden.

Nun wird der Tintenfisch sanft gegart bei schonender Temperatur um die 2–3 Minuten! Dazu ein Tip: Werfen sie einen echten Korken mit ins gesalzene Kochwasser, und der Kollege bleibt weich! Danach in warmem Wasser zur Ruhe betten.

Nun die Tentakel einer kurzen An-
röstphase unterziehen und umge-
hend anrichten. Die Tube kurz mit
dem Küchenbrenner anrösten.

Dazu die eingangs erzeugte Gelatine des Galgants ausstechen und
aus der Squeezerflasche tropfen
und den Tintenfisch auf der schwarzen Masse dekorieren. Final einige
Tropfen Olivenöl mit Limone auf
den schuppigen Körper, das hat
schon immer geholfen! Was für
eine Geschmacksexplosion!

Dazu einen spritzigen Rosé-
Crémant, der die Brücke schlägt
zum maritimen Genuss der Mittel-
meer-Region, und – schwups! –
sind Sie in Marseille – ganz ohne
Taschendiebstahl. À votre santé!

TIPP
Der »Kaviar« lässt sich auch mit Gelatine herstellen.

LACHS MIT SELLERIE-APFEL-KAVIAR

- Fisch mit Soße -

ZUTATEN
1 Wildlachsseite

BEIZE
Salz, Zucker, Piment,
Senfsaaten, Lorbeerblatt,
Koriander, Thymian,
Anis-Saat

SELLERIE-APFEL-KAVIAR
300 g Staudensellerie
4 Äpfel Granny Smith
5 g Alginat
3 g Kalzit
Butter

Lachs ist wohl einer der bekanntesten Fische der Welt. Nahezu jeder kennt ihn vom Namen und jeder weiß, dass er eine orange bis rötliche Farbe hat. Eigentlich ist Lachs einer der wertvollsten Fischsorten der Welt, aber leider wurde Lachs durch fragwürde Zuchtfarmen zum täglichen Einerlei, das sich jeder leisten soll. Wir greifen zum echten Wildlachs, der noch frei in einem Fjord gegen die Gezeiten kämpfte und ein artgerechtes Leben genoss. Er verwöhnt uns mit sensationell wenig Fett und wohlstrukturiertem Fleisch.

Zubereitungszeit: 35 Minuten | Beizzeit: 24 Stunden | ergibt 4 Portionen
Schwierigkeitsgrad: ★ ★ ★ ★ ☆

Wir entsorgen sorgsam die Gräten der Lachsseite und beizen den Lachs kalt, um seine Kraft, seinen Duft und seine wertvollen Inhalte nicht totzugaren. Diese Beize aus Salz, Zucker, Piment, Senfsaaten, Lorbeerblatt, Koriander, Thymian und ein wenig Anis-Saat wird zum Grundstoff dieser Liaison der genussvollen Vereinigung im Kühlschrank. 24 Stunden sollte der Fisch in der Beize ruhen.

Nun bereiten wir in einer Sauteuse den Sud zu. Dazu vorher den Staudensellerie schälen, um seine längs angeordneten Fasern zu entfernen. Wir würfeln den Sellerie und den Apfel. Ein Teil der Würfel benötigen wir für die Kaviar-Herstellung und den anderen für die spätere Deko beim Anrichten. Die auch im Staudensellerie vorhandenen Geschmacks- und Duftstoffe liefern uns frei Haus die Würze, die ich gerne immer mit einem kleinen Spritzer Olivenöl abrunde.

Dann pürieren wir den anderen geschnittenen Staudensellerie und die Granny-Smith-Äpfel zu einer grünen flüssigen Basis, die wir leicht abgeschmeckt nebst Alginat im Mixer vermischen. Alginat ist ein Pulver aus Meeresalgen und wird gerne in der Molekularküche gemeinsam mit Kalzit, einem Kalziumkarbonat, verwendet, um kleine separierte Blasen herzustellen, unseren »Kaviar«. Wichtig ist, dass eine glatte Flüssigkeit entsteht und kein Schaum!

Dann passieren wir diesen Sud durch ein Sieb und füllen dies in eine Tülle oder Squeezerflasche, um ihn Tröpfchen für Tröpfchen in ein Gefäß mit geklärter Butter hineintropfen zu lassen. Sobald diese Kügelchen vom Boden unserer Schüssel aufsteigen, schöpfen wir sie ab und neutralisieren sie in klarem Wasser in einer Vorratsschüssel zum Anrichten.

Achtung: Die natürliche Reaktion zwischen Alginat und Calzit läuft im Verborgenen weiter und sorgt nach der Bildung der Außenhülle der kleinen Kügelchen, dass sich dieser Vorgang langsam im Inneren der Kügelchen fortsetzt! Daher ist es ratsam, diese wundervolle Beilage nicht einige Tage vorher herzustellen, sondern am gleichen Tag, bevor sich kleine feste, gummiartige Kügelchen bilden! Es ist aber auch immer ein toller Effekt, fast wie beim Bleigießen, wenn man den Kaviar gemeinsam herstellt und dieser Showeffekt in die Vorbereitung des Gerichts einfließt.

Variante: Sie verwenden Gelatine im Sellerie-Apfel-Sud. Entfernen Sie die Gelatine aber, bevor sie ihre volle Wirkung entfaltet! Dann tropfen Sie die Masse mittels einer Squeezerflasche in geklärte Butter und erhalten ebenso kleine Kügelchen. Abspülen wie beschrieben.

Die Gewürze haben nach 24 Stunden Kaltgarprozess ihre Schuldigkeit getan und können nun vorsichtig unter laufendem Wasser von den Filets entfernt werden. Jetzt wird angerichtet und der Kaviar auf dem Teller dekoriert. Der Lachs wird würdevoll drapiert, die kleinen Würfel des Selleries und des Apfels positioniert und das Ganze mit dem restlichen Sud des warmen Sellerie-Apfel-Mix durch eine Glaskanne am Tisch – einer Tee-Zeremonie ähnlich – wiedervereint. Ich empfehle dazu einen spritzigen, gut gekühlten Riesling mit leichter Säure, denn Fisch muss schwimmen!

ZUM GUTEN
SCHLUSS:
DESSERTS

TIPP

Wer es scharf mag, kann ein paar Chiliflocken als Deko verwenden.

SCHOKOLADEN-KÜCHLEIN AN GRANOLA

- einfach & köstlich -

ZUTATEN
SCHOKOKUCHEN

300 g Rohschokolade
150 g Butter
4 Eier
120 g Zucker
70 g Mehl zum Bestäuben der Förmchen
Salz
1 Schote Bourbonvanille

GRANOLA

50 g Haferflocken
50 g gemischte Nüsse
50 ml Agavendicksaft

Neun von zehn geben zu, Schokolade zu lieben. Der Rest lügt, so eine Studie. Fakt ist jedoch: Sie macht sofort glücklich, bis man sie eines Morgens nett dekoriert auf der Hüfte wiederfindet. Doch heute ist ein Tag des ausschweifenden Genusses.

Zubereitungszeit: 20 Minuten | ergibt 4 Portionen
Schwierigkeitsgrad: ★★☆☆☆

STEP BY STEP

- Schokoladenküchlein an Granola -

Sie benötigen dunkle Rohschokolade, Butter, Volleier, Zucker, Mehl (die Figurbewussten nehmen Weizenvollkorn- oder Dinkelmehl), eine winzige Messerspitze Salz und etwas Bourbonvanille. Alles in einen Topf geben und bei mäßiger Hitze die Masse gut glatt rühren.

Dann kleine Formen ausbuttern und diese dann bemehlen, damit die »Brownies« wieder freiwillig herauskommen. Nun die schöne glatte Masse in die Formen geben und im vorgeheizten Backofen um die 200° C und in einem Wasserbad zwischen 8 bis 10 Minuten einer Wärmebehandlung unterziehen.

Nach diesem Saunabad die heißen Formen herausholen und die Küchlein vorsichtig mit einem Handtuch (zur eigenen Sicherheit) auf dem Teller positionieren.

Hausgemachtes Granola (Haferflocken-Nuss-Mix mit Agavendicksaft) erhitzen und nach dem Abkühlen zerkleinern und als Kontrast für die luftige Mousse au Chocolat verwenden.

Sobald die kleinen Kuchen auf dem Teller aufgebrochen werden, ergießt sich der weiche Kern wie eine kleine Flutwelle des Genusses aus dem Küchlein. Dazu passt natürlich ein guter kräftiger Caffè.

TIPP
Ein kleiner
Flambierbrenner
kostet nicht viel.

TARTE AU CITRON

- Frisch und frech -

ZUTATEN
TEIG
50 g Zucker
100 g Butter
150 g Mehl
2 Eier
1 Vanilleschote

FÜLLUNG
2 Zitronen
2 Eier
100 g Zucker
300 ml Milch
1 Prise Salz
Puderzucker
Zitronenmelisse oder Sauerampfer zur Dekoration

Ach, wie wunderbar das nach Urlaub klingt! Nehme
ich. Aber vorher müssen wir die Tarte noch herstellen.
Dazu realisieren wir den bekannten 1-2-3-Teig,
der schon suggeriert, was da so drin ist.
1. Zucker: 50 g, 2. Butter: 100 g, 3. Mehl: 150 g.
Und wir wären nicht hier, wenn wir ihn nicht etwas
modifizierten.

Zubereitungszeit: 45 Minuten | ergibt 4 Portionen
Schwierigkeitsgrad: ★★☆☆☆

Die Teigzutaten vermengen und gerne noch einige Tropfen Olivenöl mit Limone hinzufügen. Das rundet ihn vortrefflich und ist bekömmlicher.

Der Teig sollte dann aber aufgrund der beinhalteten Eier zügig gebacken werden. Die Variante ohne Eier (mit Backpulver) kann man hingegen lange im Kühlschrank in Reserve halten. Den Teig stets etwas im Kühlschrank ruhen lassen, das entspannt ihn und bringt bessere Backergebnisse. Anschließend die Form befüllen und den Teig kurz in den Ofen schieben, um ihm Farbe zu verleihen, bevor die Füllung daraufkommt.

Die Füllung mit Zitrone: Eier, Zucker, Zitronensaft und Milch in einem Topf zusammenrühren.

Eine winzige Prise Salz kann da nicht schaden. Dann auf den Boden aufgießen und ab in den Ofen bei 200° C. Der Teig löst sich stets einfach, wenn man die Form vorher buttert und mit Mehl bestäubt.

Nun kommt unser Brenner zum Einsatz. Dekorieren Sie die Tarte mit Zitronenzesten. Ganz Verrückte legen die Zesten vorher in Limoncello ein, so wie wir. Als Deko passt auf die Tarte noch Zitronenmelisse oder Sauerampfer.

TIPP

Leute ohne Geduld verzichten auf den »Glassplitter«.

SPARGEL AN JOGHURT, WALDMEISTER UND ERDBEEREN

- Das besondere Parfait -

ZUTATEN

DEKOSPLITTER

Glukosesirup
Fondant
Isomalt
Joghurtpulver

PARFAIT

MIT BEILAGEN

250 g Erdbeeren
120 g Zucker
4 Stangen weißer Spargel
frischer Waldmeister
100 g weiße Schokolade
1 Eigelb
200 ml Sahne
2 cl Waldmeisterlikör

Die Vorbereitungszeit dieses Desserts ist nichts für einen Überraschungsbesuch, außer bei uns im Lokal. Für zu Hause: Bitte schon am Vortag vorbereiten, denn ein gutes Parfait sollte 12 Stunden im Froster sein. Und auch die Deko braucht Geduld, überrascht aber selbst erfahrene Gourmets.

Zubereitungszeit: 120 Minuten | Parfait im Gefrierfach: 12 Stunden | ergibt 4 Portionen
Schwierigkeitsgrad: ★★★★★

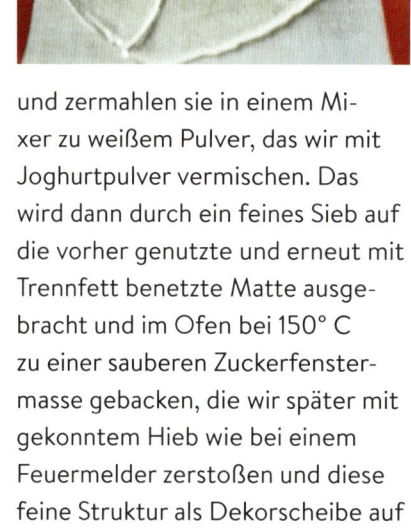

Wir entnehmen den Glukosesirup seinem Behältnis und füllen ihn in einen Topf, in dem wir ihm Fondant (weiße zähe Zuckermasse, bekannt von den Rollkuchen beim Bäcker) mit Isomalt für die spätere Struktur und Joghurtpulver für den Geschmack hinzufügen. Schön vermengen und bei mäßiger Hitze aufkochen, bis die Masse Blasen schlägt, ohne dass sie karamellisiert! Dann auf einer Küchenmatte, die wir vorher mit neutralem Trennfett benetzten, ausbringen und mit einem Schaber verteilen, sodass eine dünne Fläche entsteht, die noch mit den Blasen durchsetzt ist. Um diese Blasen loszuwerden, lassen wir diese Masse abkühlen

und zermahlen sie in einem Mixer zu weißem Pulver, das wir mit Joghurtpulver vermischen. Das wird dann durch ein feines Sieb auf die vorher genutzte und erneut mit Trennfett benetzte Matte ausgebracht und im Ofen bei 150° C zu einer sauberen Zuckerfenstermasse gebacken, die wir später mit gekonntem Hieb wie bei einem Feuermelder zerstoßen und diese feine Struktur als Dekorscheibe auf dem späteren Parfait platzieren.

Erdbeeren vierteln, auf einem Backblech ausbringen und durch Zucker Flüssigkeit ziehen lassen. Im Umluftofen bei 75° C im eigenen Saft konfieren.

Jetzt zum Spargel: Wir nehmen nach dem sorgsamen Schälen zunächst nur die schönen Spargelspitzen, deren untere zwei Drittel tourniert werden, wenn die unteren Stangen abgetrennt sind. Wie Sie bestimmt vermuten: Ja, die brauchen wir noch! (»tourner« = französisch für »drehen« und »abschnippeln«). Dafür gibt es leicht sichelartige Tourniermesser, die das sehr erleichtern.

Nun garen wir den Spargel sanft im Sous-vide-Verfahren in einem extra Beutel mit etwas frischem Waldmeister unter der Kochtemperatur von 60° C derart sanft, sodass sich die Waldmeisteraromen im Spargel manifestieren.

Basismasse für das Parfait: Hinein in einen Mischer-Kessel mit weißer Schokolade, Eigelb, fetter Sahne und Waldmeisterlikör nebst den zerschnittenen Spargelunterseiten zum vermählen. Alles zu einer homogenen Masse mixen, sodass keine Fasern des Spargels mehr vorhanden sind. Bitte in Intervallen mixen, denn wir wollen die Sahne noch nicht aufschlagen.

Dann hinein damit in eine in heißem Wasserbad stehende Schüssel und aufschlagen, wie ein klassisches Parfait mit Geduld und Tennisarm. Bitte auf die Temperatur achten, denn wir wollen die Masse ja nicht garen, sondern ihr nur Luft unterjubeln.

Die Formen mit etwas Klarsichtfolie auslegen und die schaumige Parfait-Masse darin einfüllen. Ab in den Froster und auf den kommenden Tag freuen, denn so ein Parfait ist nichts für mal eben so und braucht seine 12 Stunden im Gefrierfach. Wohl dem, der wie Jean Pütz schon mal was vorbereitet hat und gestern schon aktiv war. So kann ich meine Gäste sofort beglücken und mit der Deko beginnen.

Ach ja, zu diesem Gang würde ich einen trockenen deutschen Winzersekt empfehlen, denn der umschmeichelt diese Kombination der Aromen vortrefflich.

MARZIPAN-AMARANTH-PARFAIT

- Geständnis mit Stachelbeere -

TIPP
Wenn Ihre Gäste kalorienbewusst sind, dann einfach kleinere Parfaits anfertigen.

ZUTATEN

50 g Amaranth
150 ml Vollmilch
Vanillepulver
1 Prise Salz
200 g Marzipanrohmasse
150 ml Sahne
2 cl Amaretto
1 Ei
Butter
Schokolade
100 g Stachelbeeren
2 cl Grand-Manier

Ich schlage vor, wir kappen hier kurz die Standleitung zu den WeightWatchern und widmen uns den diabolischen Genüssen, wie dem Marzipan-Parfait an Stachelbeere. Ob es eine Sünde ist, müssen Sie selber herausfinden, und darum halten wir uns jetzt an das Motto »Wer genießen kann, ist ein Mensch des Friedens«. Amaranth klingt irgendwie nach Orient, kommt aber ursprünglich aus Mittelamerika und hat seinen friedlichen Siegeszug durch seine sensationellen Inhaltsstoffe über den Globus vollendet. Aus der Familie der Fuchsschwanzgewächse wird er als Powerfood eingesetzt und liefert auch durch seine Farbe schöne Effekte für Lebensmittel.

Zubereitungszeit: 60 Minuten | Parfait: 120 Minuten im Kühlschrank | ergibt 4 Portionen
Schwierigkeitsgrad: ★★★☆☆

Wir kochen Amaranth mit Milch, einer Löffelspitze Vanillepulver und einer winzigen Prise Salz zu einer schlotzigen Konsistenz, worauf später das Marzipan-Parfait Platz nehmen darf.

Jetzt zum Marzipan-Parfait. Wir geben in eine Schüssel: Marzipan, Sahne, einen Schluck Amaretto und das Ei. Alles schön vermengen und dann langsam Luft hineingeben in diese verheißungsvolle Masse, die sich plötzlich wie von Geisterhand aufschäumt und zu einer ansehnlichen Struktur anschwillt, wenn sie im Wasserbad kontrollierter Wärme ausgesetzt ist.

Doch Vorsicht, nicht kaputt schlagen, denn wenn der richtige Zeitpunkt überschritten ist, geht nichts mehr. Das ist in der Küche wie im richtigen Leben. Ist nun der Zeitpunkt gekommen, um sie in den Kühlschrank zu verbannen, bis sie sich gefestigt hat, darf man erwarten, dass die Masse in ca. 2 Stunden fertig ist.

Im Wasserbad verschmelzen wir Butter und Schokolade bei nicht zu großer Hitze von maximal 46° C zu einer homogenen Masse.

In der Zwischenzeit wurden die Stachelbeeren halbiert und unter der freundlichen Mitarbeit von geistigem Grand-Marnier-Likör zum Sündenfall. Jetzt noch schnell etwas Amaranth im Ofen bei 150° C aufpoppen lassen, dazustreuen und raus damit, bevor sich das Parfait auf seinem warmen Sessel in Wohlgefallen auflöst.

Eigentlich passt dazu ein herrlicher Cappuccino Grande, aber es soll auch lustige Gäste geben, die das Parfait unter der Begleitung von Champagner auf sich wirken lassen. It's up to you!

TIPP
Achten Sie darauf,
dass die Stangen
wirklich knackig sind!

RHABARBER ZUM DESSERT

- Süß und sauer -

ZUTATEN

250 g Rhabarber
90 g Zucker
129 g Mascarpone
50 g Cornflakes
25 g dunkle Schokolade
Minze oder Waldmeister
   zum Dekorieren
Vanille
1 Messerspitze Salz

Wenn Sie Rhabarber im Garten haben, dürfen Sie glücklich sein! Rhabarber ist eines der wunderbaren Dinge, die weit unterschätzt sind. Aber Achtung: Rhabarber enthält Oxalsäure, wie so manche andere Gemüsesorten auch, die roh verzehrt heftiges Ungemach bringen. Und je später Sie ihn verzehren, wenn die Stängel dick sind und der Sommer fast vorbei ist, desto mehr ist davon enthalten. Wichtiger Tipp also: Rhabarber nur in gekochtem Zustand genießen!

Wir schälen den Rhabarber und schneiden ihn in Stücke. Einen Teil davon entsaften wir und brauchen die Flüssigkeit zum Ankochen des anderen Teils. Wir erhitzen den Rhabarber in einem Topf, gießen das vorher Entsaftete dazu und ziehen es mit etwas Zucker weich, so wie bei Oma. Etwas Vanille kann nicht schaden, und eine Messerspitze Salz.

Wenn alles weich zusammengeschmurgelt ist, abkühlen lassen! In diesem Kühlprozess verbindet sich alles eindrucksvoll und kann dann mit Mascarpone in einem schönen Glas dekoriert werden. Wir verwenden als Topping gerne selbst gemachtes Schoko-Granola, indem wir Cornflakes und Schokolade verschmelzen und nach dem Erkalten zerbröseln.

Ob Minze oder Waldmeister – etwas Grünes obendrauf schafft immer Lebensfreude und darf mitgegessen werden. Das macht einen guten Atem und belebt! Dazu ein Cappuccino, und der Tag ist dein Freund.

Zubereitungszeit: 10 Minuten | ergibt 4 Portionen
Schwierigkeitsgrad: ★☆☆☆☆

TIPP
Für Kaiserschmarrn eignet sich am besten eine gusseiserne Pfanne.

KAISER-SCHMARRN

- Sissis Glück -

ZUTATEN
70 g feines Mehl
3 Eier
200 g Topfen (Magerquark)
2 cl Stroh-Rum
75 g Vanillezucker
Abrieb einer unbehandelten
   Orange
1 Prise Salz
25 g weiche Butter
Puderzucker

Manche werden hysterisch bei dem Wort »Kaiserschmarrn«. Doch eines steht fest: Sissi und Franzl haben ihn bestimmt nachts in der Schlossküche genascht und sich dabei schöne Dinge von einer besseren Welt erzählt. Ach, das Leben hätte so schön sein können. Ja, mit so einem Kaiserschmarrn aus der K-&-K-Zeit sieht alles rosig aus. Und für mich ist das eine der liebsten Süßspeisen, so einfach er eigentlich herzustellen ist. Mein Geheimnis ist der Topfen, der ihm seinen besonderen Geschmack und seine Frische verleiht.

Zubereitungszeit: 15 Minuten | ergibt 4 Portionen
Schwierigkeitsgrad: ★☆☆☆☆

Dazu starten wir in einer Schüssel mit Mehl, Eigelb, das wir vom Eiweiß trennen. Das Eiweiß brauchen wird später noch! Hinzu geben wir Topfen, seit Sissi österreichisches Volksgut. Topfen = Quark. Topfen schwappte der Legende nach mit König Ludwig II. eindringlich nach Süddeutschland, wo er seitdem sein köstliches Unwesen in zahlreichen Süßspeisen treibt und die Figuren der Genießer ruiniert. Heute sorgt Topfen mit seinen wundervollen Eigenschaften dafür, dass unsere Rührmasse wunderbar geschmeidig und homogen wird.

Wir geben auch noch den Abrieb einer unbehandelten Orange und einen guten Schluck Stroh-Rum dazu, außer wir backen unseren Kaiserschmarrn auch für Kinder. Dann verzichten wir natürlich auf den Rum.

Jetzt beginnt die Hochzeit der guten Zutaten. Wir vermählen mit zarter Hand das vorher abgespaltene Eiweiß, das wir noch mit etwas Vanillezucker und einer Prise Salz schaumig geschlagen haben, mit der Grundmasse. Vorsicht, hier sind Feinmotoriker gefragt, die diese Masse respektvoll behandeln und die Luftmasse aus dem Eiweiß unterheben, bis das Ganze zu einer Einheit verschmilzt.

Der Augenblick naht und es wird Zeit für die heiße Pfanne (ohne Kunststoffgriff!), die wir mit Butter imprägnieren, damit auch alles mit Freude selbige wieder verlässt. Für 7–8 Minuten bei 180° C in den vorgeheizten Ofen und jetzt ist Aufmerksamkeit gefragt! Nicht weglaufen, bitte! Bleiben Sie in der Nähe des Ofens, um die Schmarrnwerdung optisch zu begleiten, auch wenn die aus dem Ofen dringenden Düfte Ihre Sinne vernebeln.

Sieht er gut und wohlgebräunt aus, dann mit einem Küchenhandschuh zum Schutz der Finger die Pfanne herausholen und mit gekonntem Hüftschwung den einseitig gebräunten Schmarrn auf die Oberseite wenden. Wenn Sie sich das nicht zutrauen (das ist keine Schande!), dann zerteilen Sie den Schmarrn einmal in der Mitte und wenden Sie die beiden Hälften mit einem Pfannenwender. Geben sie dem Kaiserschmarrn noch einige Minuten – es lohnt sich.

Dann zerteilen. Bereiten sie nun einen Teller vor und positionieren Sie ein Sieb zum Verteilen des Puderzuckers in Tellernähe, denn sobald das Ding aus dem Ofen kommt, stürzen sich alle auf den Schmarrn, als gäbe es kein Morgen und keine Konfektionsgrößen.

Dazu gibt's nur eine Kaffee-Lösung: »Einen kleinen Braunen, bitte! Denn mehr geht nimmer rein«, sagen die Wiener.

KÜCHENCHEF BENEDIKT

Eigentlich wollte Benedikt Bäcker-Konditor werden und entschied sich beim Probearbeiten dagegen. Er verinnerlichte nach seiner Ausbildung zweieinhalb Jahre die 3-Sterne-Küche im sagenumwobenen Ambiente Sonnora von Helmut Thieltges, der im Jahre des Herrn 2017 als einer der deutschen Pioniere des feinen Genusses für immer in den Gourmethimmel auffuhr. Sein kreativer Geist bleibt jedoch in Benedikt als Küchenchef im Anthony's lebendig und wird, gepaart mit neuen Einflüssen, ständig weiterentwickelt. Benedikt ist somit Herr der Küchenlage und zeichnet verantwortlich für B wie Beschaffung bis Z wie Zelebrieren, wobei er und sein Team am Herd in den Sternenhimmel vorstießen.

»Genau das ist es, was Kochen mit den Menschen macht, wenn es gut getan wird. Für mich als Koch ist es eine stete Herausforderung, Traditionelles in moderne Noten umzusetzen, die in der Symphonie des Hauses Anthony's genussvoll erlebt werden. Wir sind hier am Hebel der Kreativität und leben das, was wir tun, für unsere Gäste im Geiste unseres Maître. Dass dieser glückliche Umstand uns persönliche Befriedigung verschafft, ist normalerweise zweitrangig, aber hier bei uns eine Grundbedingung, um dauerhaft stressfrei kreativ zu sein.«

RESTAURANTLEITERIN SASKIA

Immer da, immer nah, immer allwissend und stets vorahnend. Smart und liebevoll zugleich. Ihre Devise: »Gastlichkeit ist keine Eigenschaft, die man erlernt. Entweder man wird so geboren und kommt diesem natürlichen Trieb nach oder sollte zur Bundeswehr gehen, da werden andere Eigenschaften abgefragt. Das Anthony's ist für mich nicht nur eine Arbeitsstelle, sondern es ist vielmehr eine organische Einheit, die sich stets weiterentwickelt. Ich bin ganz für unsere Gäste da, die hier Urlaub vom Sein machen, das Leben genießen und in unserem Ambiente durch den Genuss die verrückte Welt da draußen vergessen. Dass ich daran beteiligt bin, ist für mich ein großes Glück.«

QUEEN OF SIERRA LEONE – KÜCHENCHEFIN RUGI

Rugi ist in Sierra Leone geboren und in London aufgewachsen. Mit ihr vervollständigt sich die Anzahl der internationalen Leute hinterm Herd. Geboren an der Themse, lebte sie ihre Insel-Kreativität, wie es sich für eine echte Küchenchefin gehört, in zahlreichen wohlklingenden Restaurants aus und bringt hier das Erlebte zur Anwendung. Stets gut gelaunt und energievoll bereitet sie genussvolle Lebensfreude auf den Tellern. Rugi ist unermüdlich damit beschäftigt, ihren Job als Leidenschaft zu vermitteln, und das kann sie sehr überzeugend. Was für ein wunderbarer Zugewinn und erlebbar als Rückgrat von Maître Anthony im Lindner Concept Hotel Me and All in Düsseldorf.

KÜCHENCHEF LEONARDO

Da haben seine Eltern ihm schon den Künstlerweg vorgezeichnet, indem sie ihren Sohn Leonardo nannten. Leo, wie er in der Anthony's Crew liebevoll genannt wird, ist wohl das lebendige Zeichen eines Cosmo-Urbanisten mit Wurzeln in Uruguay und italienischem Pass. So kam Leo mit seinen Eltern im Alter von 13 Jahren von Uruguay nach Ibiza und fand ein Jahr später mit 14 seine vorläufige Heimat im spanischen Sevilla, wo er einst Ingenieurswesen studierte. Mangels Interesse an dieser Profession griff er zum Küchenmesser und begann seine Lehre als Koch im Sternerestaurant Abantal in Sevilla, wonach er ins Sternerestaurant am Schloss von Versailles in Paris wechselte, dessen damaliger Maître Gordon Ramsey war, und so lernte er vom Besten. Spätere Einflüsse wie das Steigenberger Parkhotel an der Königsallee in Düsseldorf und zahlreiche andere machen diesen Menschen zu einem unglaublichen Wissensschwamm, der alles in sich aufsaugt und harmonisch neu vereint, ähnlich wie bei seinem aktuellen Maître Anthony.

An Leo personifiziert sich die Evolution, denn wer kann schon genau sagen, was er ist, wenn er nach 800.000 Jahren Menschwerdung gefragt wird: »Bist du Spanier oder Deutscher oder Italiener?« Diese Fragestellung könnte im Grunde komplett gestrichen werden, denn der Mensch zählt in seinem Sein und seinen Fähigkeiten, es geht nicht nicht um seine Herkunft oder gar um seinen Pass.

SOMMELIER MICHAEL

Man könnte schon sagen, er ist ein bunter Hund, und ein genussvoller dazu. Seine österreichischen Wurzeln sind unverkennbar, doch ist er einer der neuen Generation, die dem eher konservativeren Milieu des Weins neues Leben einhauchen. Er hat Fachwissen wie ein alter Weinspezi und nennt sich Sommelier. Doch dieses Prädikat reicht gar nicht aus, um diesen Weinverrückten artgerecht zu definieren. Geistiges ist für ihn keine Spielerei, sondern Lebensgefühl und respektvolle Huldigung des Weinbaus.

O-Ton Michael: »Ich hätte mir nie träumen lassen, dass ich mich hier am Rhein so daheim und geliebt fühlen kann, und werde getragen von dieser Einheit unseres Anthony und seiner Komplizen. Ich bin sehr dankbar zu sehen, dass die Menschen hier verrückt nach Genuss und Schöngeistigkeit sind, egal, woher sie stammen, denn das vereint die Völker im Guten.«

OHNE MEIN TEAM
WÄRE ICH
GAR NICHTS

EINE DER WICHTIGSTEN
ZUTATEN FÜR EIN RESPEKT-
VOLLES MITEINANDER:
HUMOR

DANKE SCHÖN!

Ich wundere mich schon immer selbst, wie gut das alles läuft in meinem Restaurant. Normal ist das nicht. Diese positive Energie, mit der meine Mitarbeiter bei der Sache sind, wie sie sich ohne Druck zu Kreativität und Leistung animieren und daraus Neues erschaffen, das ist schon toll. Ich staune, wie jeder Einzelne sich seine Individualität erhält und sein Wissen mit hoher Energie in dieses Kollektiv für ein gemeinsames Ziel einbringt. Dafür möchte ich jedem Einzelnen im Team danken. Euch allen gebührt hoher Respekt! Und ohne meine Familie wäre das alles sowieso nicht möglich. Ein besonderer Dank geht an Olaf Barken, der von außen diese Qualitäten sieht und mir sehr dabei geholfen hat, das auch zu Papier zu bringen. Und nicht zuletzt danke ich all unseren Gästen. Für euch machen wir das alles!

ANTHONY SARPONG

Als Anthony am 19. Februar 1982 in Kumasi (Ghana) seinen ersten Atemzug tat, ahnte noch niemand, wie viel Freude er noch so bringen würde. Eingeschwebt kam er einst im Kindesalter ganz entspannt in der Lufthansa Economy Class nach Deutschland und spricht noch heute sein Hessisch wie ein echter Wiesbadener, wenn man ihn lässt. Dass er damals eigentlich eine Karriere als Profifußballer starten wollte, zeugt von seiner hohen Leistungsbereitschaft, die sich dann dauerhaft doch ganz woanders zeigen sollte. Er entschied sich für eine Ausbildung zum Koch. Mit Sternen dekorierte Häuser sind Meilensteine seiner Kochkarriere. Er war viel unterwegs: in Zürich, Barcelona, Wien, Pisa, Paris, Prag, Tel Aviv, Izmir und den Arabischen Emiraten bis hin zum Einsatz als Privatkoch für den Präsidenten von Kasachstan. Heute engagiert sich der »Meerbuscher Ästhet« für köstliche Völkerverständigung am Herd und hat seit über 16 Jahren Rückendeckung von seiner Pforzheimer Gattin Birgül und seiner Familie.

IMPRESSUM

© 2018 by Südwest Verlag, einem Unternehmen der Verlagsgruppe Random House GmbH, Neumarkter Straße 28, 81637 München

HINWEIS

Die Ratschläge/Informationen in diesem Buch sind von Autor und Verlag sorgfältig erwogen und geprüft, dennoch kann eine Garantie nicht übernommen werden. Eine Haftung der Autoren bzw. des Verlags und seiner Beauftragten für Personen-, Sach- und Vermögensschäden ist ausgeschlossen.

Bildnachweis: Sämtliche Bilder sind von Martin Gentschow, Düsseldorf
Projektleitung: Dr. Harald Kämmerer
Rezepttexte: Olaf Barken
Schlussredaktion: Susanne Schneider
Fotoredaktion und Leitung Fotoproduktion: Bele Engels
Satz und Gestaltung: Christian Martin Weiß, München
Innenlayout: zeichenpool, München
Umschlaggestaltung: zeichenpool, München, unter Verwendung von Bildern von Martin Gentschow, Düsseldorf
Reproduktion: Mohn Media Mohndruck GmbH, Gütersloh
Druck & Bindung: Mohn Media Mohndruck GmbH, Gütersloh

Verlagsgruppe Random House FSC®N001967

Printed in Germany

ISBN 978-3-517-09727-5
1. Auflage 2018